第二届国医大师表彰大会

郭老参加铜川市举办的"第三届中国孙思邈中医
药文化节——药王孙思邈医德医术研讨会"

国医大师奖状证书

针刺治疗乳腺增生的临床及机理研究获一九八七年度
国家卫生部中医药重大科技成果乙级奖

为表彰在促进科学技术进步工作中做出重大贡献，特颁发此证书，以资鼓励。

奖励日期：一九八八年五月二十七日

证书号：872042

获奖项目：针刺治疗乳腺增生临床及机理研究

获奖者：郭诚杰（右列第一）

奖励等级：贰等奖

针刺治疗乳腺增生的临床及机理研究
获1988年陕西省人民政府科技进步二等奖

Convention for the Safeguarding of the Intangible Cultural Heritage

The Intergovernmental Committee for the Safeguarding of the Intangible Cultural Heritage
has inscribed

Acupuncture and moxibustion of traditional Chinese medicine

on the Representative List of the Intangible Cultural Heritage of Humanity
upon the proposal of China

*Inscription on this List contributes to ensuring better visibility of the intangible cultural heritage
and awareness of its significance, and to encouraging dialogue which respects cultural diversity*

Date of inscription
16 November 2010

Director-General of UNESCO
Irina Bokova

2010年被联合国教育科学文化组织确定为"人类非物质文化遗产"中国针灸代表传承人之一

大国医

长寿秘诀身上找

国医大师
人类非物质文化遗产
中国针灸代表传承人 **郭诚杰**

教授 **张卫华**

／著

吉林科学技术出版社

图书在版编目（CIP）数据

长寿秘诀身上找/郭诚杰, 张卫华著. --长春:
吉林科学技术出版社,2016.1
　（大国医）
　ISBN 978-7-5578-0211-0

Ⅰ.①长… Ⅱ.①郭…②张…Ⅲ.①长寿－保健－
基本知识Ⅳ.①R161.7

中国版本图书馆CIP数据核字(2015)第310712号

大国医——长寿秘诀身上找

著　　　　郭诚杰　张卫华
出 版 人　李　梁
策 划 人　李　梁
责任编辑　孟　波　赵洪博　樊莹莹
文字统筹　北京悦智文化传媒有限公司
特约编辑　尹丽颖
学术助理　刘　娟　陆　健
封面设计　长春市壹行平面设计有限公司
制　　版　长春创意广告图文制作有限责任公司
开　　本　710mm×1000mm　1/16
字　　数　240千字
印　　张　14.5
印　　数　1-15 000册
版　　次　2016年1月第1版
印　　次　2016年1月第1次印刷
出　　版　吉林科学技术出版社
发　　行　吉林科学技术出版社
地　　址　长春市人民大街4646号
邮　　编　130021
发行部电话/传真　0431-85635176　85651759　85635177
　　　　　　　　　　　　　　85651628　85652585
储运部电话　0431-86059116
编辑部电话　0431-85630195
网　　址　www.jlstp.net
印　　刷　吉林省创美堂印刷有限公司
书　　号　ISBN 978-7-5578-0211-0
定　　价　35.00元
如有印装质量问题可寄出版社调换

出 版 说 明

    《大国医》系列中医养生保健图书，由国医大师、国家级名老中医以及世界级非物质文化遗产和国家级非物质文化遗产传承人等在内的著名中医专家编著，作者团队平均年龄达90岁，几乎所有的作者至今都还在坚持出诊，他们从业数十年，济世救人，都是德高望重、名副其实的大国医。系列图书从策划开始至完成，对所有作者的全部采访以及对内容资料的整理，约历时三年，2016年1月开始陆续与读者见面，并将在未来的两年内完成至少10个分册的出版。

    本系列图书的内容均由作者原创，书中的故事均为作者本人的亲身经历，少数细节因为涉及患者或者作者本人的隐私而略加改编。我们与大国医面对面，听他们说出自己与师父、徒弟、患者之间的感人而又有趣的故事，乃至矛盾冲突、经典的案例、生平所学。这样的内容避免了中医专家一味讲述晦涩的专业知识，把养生保健的精华融会于精彩的、感人的、有趣的故事当中，让读者可以一口气读完，并产生共鸣，对号入座找到自己想要了解的东西，将可读性、趣味性、实用性集于一身。大国医的真实事迹让我们更加信服，让中医真正地入脑、入心。希望广大的读者可以把作者的故事讲给朋友听，共同分享故事当中的养生保健知识。

    《大国医》系列中医养生保健图书的出版，旨在让最高端的中医专家服务于广大的读者，希望大家可以从书中读到适合自己的养生保健、疾病预防、健康长寿的方法。古语有云"上工治未病"，我们的作者也都力求帮助大家做到"未病先防"。我们希望读者从大国医的故事中总结出自己健康生活的方式，能够像长寿的大国医一样积极、乐观、理性地面对生活。通过对大国医故事的了解能更加深入了解中医、信任中医，支持我们国家中医中药文化的传承和发展。希望大家携手将祖国传统中医中药文化发扬光大，造福于人类。

吉林科学技术出版社

北京图书出版中心

前　言

　　大概在一年前，有出版社的编辑联系到我的学生，说他们希望可以跟我约稿出书。说实话，我这辈子已经出版了很多书，多数是学术专著、教科书，也有一些记录我个人事迹的。对于出书，我从来都是很迷茫的，自己的平生所学一本书足以，不知道为什么大家都还是热衷于出我的书，让我有点招架不住，想拒绝！但是这一次几个年轻人希望我写的却不一样，他们说我可以写我自己的故事：治病救人的可以，我对一些事情的看法也好，生活中觉得有用的事儿都行！这让我很感兴趣，心想作为一个老古董故事当然多得是，于是欣然接受了。

　　不久，几个30岁上下的编辑从北京跑到咸阳我家里来了，很聪明的几个孩子，他们找了我的学生，中国中医科学院的王宏才教授，他又帮编辑联系了陕西中医药大学的张卫华教授，几经辗转终于来到了我的家里。所以要感谢编辑们的不懈努力，以及两位爱徒的帮忙，在开篇之前对大家的努力工作表示敬意。

　　这本书并不是我本人独立完成的，毕竟95岁了，岁月不饶人，不论书里的故事多传奇，老了就是老了，不能不服。能够顺利成书要感谢张卫华教授，本书的内容多数为我本人口述，并由张卫华教授执笔完成。真的是倾注了我们师徒二人的心血，凝结了编辑们的辛苦工作。

　　对于图书的内容，他们让我畅所欲言。没想到几个年轻人真的耐心地听完所有关于我的故事，第一次采访就持续了几个小时。恐怕有的人不信，几个小时的面对面交流，他们有些都坐不住了，而我却越说越起劲，给他们看我的照片，还有用了几十年的笔记本，并找来了一些随手积累起来的资料……幸亏徒弟及时让我们暂停。之所以停不下来，是因为这个过程唤起了我对往日的回忆，让我想起了很多经典的病案，感觉自己又回到了讲台上；更让我不能自已的是那些对过往的回忆，有关于我自己的荣誉和家庭的变故等等都历历在目。当时只是从中医专业的角度，或者凭多年的经验随机应变总结了一些治病救人的方法和日常生活中保健养生的技巧。可能对于我来说只是一段段记忆，可是对于几个年轻的听众来讲都觉得是传奇，也许他们都觉得我实在是太老了。

是的！书中收录了很多我亲身经历的事实，听了编辑们的话，我尝试给大家一些中肯的建议。我所讲述的只是生活中每个人都有可能遇到的场景，有常见病、多发病，也有疑难杂症，也有一个老人要面对的生活琐事，衣食住行，希望通过我的故事让大家找到共鸣，并对号入座，在书中找到解决健康问题、预防或治愈疾病、以及长寿保健的方法。

总之就是一句话，长寿的秘诀就在你自己身上！顺应自然是根本的原则。时至今日，我之所以还可以保持健康的状态，就是遵循了这一原则，希望大家在书里能看到自己的影子，坚持好的习惯，做一个为了健康长寿而坚持原则的人。

推 荐 序 一

郭诚杰教授，国医大师，是我国针灸的老前辈和学术带头人。是全国名老中医学术继承人导师与传承博士后合作导师，世界人类非物质文化遗产中医针灸的代表性传承人，被誉为针刺治疗乳腺增生病第一人。

郭老从医70余年，救人无数。弟子遍五洲，桃李满天下。医疗、教学、科研硕果累累，是享誉国内外的中医针灸大师、名医、名家。

郭老不但医德高尚，医术精湛，同时亲身实践了中医的健康理念，通过"合理运动，肠中常清，起居有节，怡情宁心"的养生保健方法，95岁仍鹤发童颜，精神矍铄，目光炯炯有神，思维敏锐阔达，反应机智灵敏，步伐轻健有力。他每周仍坚持两天诊治病人，大会发言不用稿子，条理清晰、谈吐自如。为了将自己对中医健康理念的理解与几十年的实践体验告知大家，在其弟子们的参与下，写成了这本书，通过一个个真实的故事再现了郭老运动养生、饮食调养、起居调摄、情志调节的理念与方法，为读者揭示了健康长寿的奥秘。郭老80岁时独自一人背包游览了甘肃和新疆许多名胜古迹，88岁时经历了股骨折、93岁时成功战胜肿瘤，如今已经进入95岁的高龄，依旧是个"工作狂"，每周坚持出门诊、看病人。郭老是中医养生保健的楷模。

作为陕西中医药大学毕业的学生，在30多年前就领略了郭老师的风范，多年来一直得到老师的指导和关照，此次有幸能够先睹郭老养生延年的生动故事，倍感亲切，受益匪浅。作为学生的我不敢给老师的书作序，只借此机会对郭老表达一份敬意和感恩之情。祝郭老福如东海，寿比南山，健康永驻！

刘保延

2015年11月18日于北京

*刘保延：世界针灸学会联合会主席、中国针灸学会会长。

推 荐 序 二

　　我国评选"国医大师"始于2009年，是由国家人力资源和社会保障部、国家卫生计生委和国家中医药管理局共同主持评定并予以表彰的，可谓郑重而严肃。"国医"即中国传统医学，从事此专业的人物何止万千，而得此殊荣的不过数十人，可谓稀见而珍贵，而郭诚杰先生便是其中的一位。古人讲"高山仰止，景行行止"，又讲"虽不能至，然心向往之"，对于先生，我一直有这样的感觉。我在陕西中医学院读书期间，正所谓"青衿之岁"，而先生已逾"知命之年"，且成就斐然。大学读书期间，有幸得先生传道授业解惑。数十年过往，虽已不能完整回忆当时的细节，但先生谆谆教导之深心和侃侃而谈之形貌，即今仍历历在目，宛如昨天。先生于中医药学术无所不通，而尤长于针灸。在针灸临床与研究领域，先生的贡献是卓越的，是有目共睹的，也是得到政府、学术界和广大患者普遍认可的。由于如此，先生也得到了众多的荣誉和普通人眼中的"光环"，但先生仍如当年之勤奋，当日之谦逊，不仅认真指导弟子，还笔耕不辍。《周易》所讲的"谦谦君子，卑以自牧"，正是先生的真实写照。

　　由于专业关系，我与先生接触较多。对于先生的工作，我也尽可能地予以支持。若有条件，还设法与先生聊聊。先生于我还是很愿意谈一些自己的观点，表达一些对中医未来发展的看法，这些我都铭记在心，并在可能的条件下融入我的工作中。近年来，先生虽已是九十余岁的高龄，仍热心中医事业，谆谆教导后学，坚持每周两天门诊，望闻问切，一丝不苟，处方用药，环环紧扣，得到患者、患属及社会的普遍敬仰。在一些场合，先生精神矍铄，侃侃而谈，全无倦意，而银发含光，黑发成缕，往往引起了人们的好奇。常有人请教先生养生的方法，先生总是毫无保留地教给大家。在做人方面，先生强调人以修德为先，处处与人为善，方能心平气静，气血和调，才易于长寿。在做事方面，先生强调认真踏实，实事求是，不弄虚作假，才能获得真知，赢得尊重。我感觉，在这样的过程中，先生所传递的不仅是知识，还有高尚的品质与坦荡的胸怀。

　　《长寿秘诀身上找》是先生的近作，这本书不是专业著作，不是科学研究，而是面向广大群众的养生专书。这本书也不同于一般的养生书籍，而是先生数十年自我养生保健的经验与心得。因而言虽浅显，心则仁厚，一招一式，一汤一餐，都有深意，而且语言平易，容易被不懂医学的普通人群接受，既反映了先生精诚济世的胸怀，也蕴含着先生循循善诱的苦心。先生五十多岁时，常有便秘之苦，下楼常觉膝盖疼痛，于是结合《素问·上古天真论》中人年老则"五脏皆衰，筋骨解堕"理论，自创了"一拍三揉"(拍胸、摸耳、揉肚、揉髌骨)养生操，不仅数十年自己坚持不懈，还将此法广传他人，使更多的人收益。先生还针对颈椎病高发的现状，创"颈椎保健操"，教授患者，已使数千人得免其苦。先生遍览典籍，查寻有关养生的方药与方法，结合自己的心得体会与亲身实践，做了很多中医养生保健的推广与普及工作。为方便患者，先生还为这些方法取了便于理解乃至幽默的名称，如针对肥胖提出"'肠瘦'才能长寿"，针对饮食高盐提出"'盐'多必失"，结合应季菜蔬提出"秋冬萝卜'小人参'"，醒目、有趣而科学，很容易吸引读者，并被读者记忆和接受。先生此作是一部面向大众的中医科普书，更是一部渗透着爱心、苦心的济世活人之书，我希望能有更多的人读到这部书，更多的人受益于这部书。

刘少明

2015年11月15日

　　*刘少明：首批中医药传承博士后合作导师，陕西省人民政府参事，陕西省医学会会长，陕西省卫生厅原厅长。

推荐序三

　　健康长寿是人类的共同愿望，也是对生命的完美追求，关注健康、珍爱生命是人们关注的永恒主题。世界卫生组织给健康下的定义是：健康不仅是身体没有疾病，而且是"在身体上、精神上、社会上完美的状态"。随着人们精神生活日益丰富，物质生活水平不断提高，人类越来越渴望养生、希望能延缓衰老。养生的概念早在先秦《庄子·内篇》中就被提到过，后来成书于春秋战国时的《内经》又将养生置于显要地位，以研究人体生命的变化规律、探讨衰老的机理、寻求增强生命活动和防病益寿的方法，形成了系统的养生保健理论，成为人类健康学中的瑰宝。

　　进入21世纪，人们在享受社会高速发展、科技日新月异带来种种便利的同时，也饱尝社会飞速发展带来的种种困扰，人类将健康问题再次提到了议事日程：由于生活条件的改善，锻炼机会减少，适应能力减弱；过度舒适的生活，使机体的免疫抗病能力下降；环境污染、生态破坏、生物基因创伤，新病种出现与变异；社会发展的快节奏，心理压力增大等等的因素，都威胁着人类的健康，影响着生命的长寿，引起了世家医学的极大关注。因而，世界医学界已将预防医学作为未来工作的重点。随着人类对自身健康的关注，回归自然已成为一种时尚，人们对健康的要求不是停留在补救上，而是保健养生从自身做起，才是新世纪健康的理念。

　　国医大师郭诚杰教授，平时生活顺应天时，"虚邪贼风，避之有时"；注意护养正气，"恬淡虚无，真气从之，精神内守，病安从来？"多年来他倡导的"起居有时、运动有节、怡情宁心、肠道常清"的健康养生理念，使他95岁高龄仍然鹤发童颜，精神矍铄，目光炯炯，思维敏捷，步履轻健，至今仍坚持定时出诊，思绪有秩。

近水楼台，有幸率先拜读《长寿秘诀身上找》，书中养生保健方法是郭老的真实写照。书将付梓，寥寥数语，只是为郭老健康长寿点赞！

殷克敬

乙未年冬月于古秦都

＊殷克敬：陕西中医药大学教授、主任医师，硕士生导师、国家级师带徒博士生导师、全国第二、第五批中医药专家学术经验师承导师、陕西省名老中医。原中国针灸学会临床分会副主任委员。

目录
CONTENTS

第一章

90岁不输90后

　　多年的规律生活让郭老的身体健康，80多岁还能去新疆旅游，穿越沙漠。面对老年人最害怕的骨折、直肠癌，郭老都欣然面对，并且身体恢复得不输给年轻人。对于工作，郭老只是说，每天早上起来，都会做一些有意义的事情，这就是他早上起床的理由。95岁的郭老，风采依旧不减当年，仍坚持出门诊、教书。

40天有效期的遗书

小时候，我就梦想着有一天去趟楼兰。古丝绸之路是什么样子？它的文化氛围又是如何？有关它的一切都深深吸引着我。

2001年我81岁，决定一个人去新疆。走的时候给儿子留了一封信，信的封面写着：40天后如果我还不回来你再拆开，如果回来了，你就把信还给我。

就这样，我一个人坐长途汽车经过甘肃，沿途边走边参观当地的名胜古迹，到了嘉峪关，然后又来到了吐鲁番。

吐鲁番不愧是火城，走在吐鲁番的大土街上，顶着60℃的高温，好像跑到了桑拿房里，又闷又热，不动都一身汗。这对于从小在关中平原长大的我着实是一种考验。而且当地交通落后，语言不通，大部分人听不懂普通话，更是造成了交流困难。

为了方便，我报了当地的一个旅行团。旅行团也是为了安全，给我们这伙人安排了有空调的宾馆，两个人一间大房。我们即使开着空调，人还是不停地出汗。当时团里有几个正当壮年的小伙子，一天都在嚷着："吐鲁番真不是人待的地儿！来了这儿，汗就没停过，早晚得被这鬼地方烤成葡萄干。"

他们见我这么大岁数，在旁边一直也不怎么说话，还只身一人背着个大包，就跑过来搭讪我："大爷，您高龄？"

"80岁了。"

"都80岁了！一个人出来旅游，这么热的天气您受得了吗？"

我就对他们说："小伙子，你们来到火城啦，火城60℃，出汗是正常的，你们问我，受不受得了，现在我身体还行，能扛得住这温度。在这儿出出汗也是正常的，不怕你出汗，就怕你不出汗。"

接着我就跟他们讲，中医认为，"发热出汗"不仅通经活络、活动全身器官，提高精神和恢复体力，而且具有调节神经的功能，扩张周围小血管，改善微循环系统，促进人体五脏六腑的功能，使内邪随蒸发的汗液排出。正常的出汗有利于身体健康。人有体温，如果外界温度超过体温时，体内的热就很难向外散发，只有通过出汗来排泄。

"您说得挺有道理的啊！原来出汗有这么多好处，以前都没注意。"

在吐鲁番逛了逛葡萄沟，吃过正宗的新疆葡萄后，我们来到了北疆，然后又到了南疆的塔克拉玛干沙漠。塔克拉玛干沙漠一年只有15毫米的降水，那里的人们用水完全靠蓄水。

到了塔克拉玛干沙漠，从东部的南延穿过去，又坐了一晚上车，我根本就睡不好觉，路不好，不能睡踏实。幸亏我身体还好，颠来颠去的，骨头架子还没散。

车里人都佩服我体格好，问我是怎么保养的。我跟他们说，这主要跟我平时的养生习惯有关系。

调节饮食以养脾胃，这是老中医健身的主要手段。他们喜爱吃当地生产的五谷杂粮，更爱吃蔬菜、豆类、水果，而鱼与肉吃得较少。虽有个别偏食鱼和肉的，也是荤素搭配，从不过嗜。他们的食养经验是：一不过饱，二不过咸，三不过甘，四不过肥，五不偏食。还有早餐好、中餐饱、晚餐少等。有些老中医把清代袁枚的诗作为食养之鉴，即"多寿只缘餐食少，不饱真是却病方。"

老中医多随四时而起卧：春夏晚卧早起，以应阳气之生长；秋季早卧早起，免受肃杀之气的戕伐；冬季早卧晚起，不使身体的阳气受寒气干扰。他们的睡眠是"先睡心，后睡眼""睡前除杂念，调息入梦乡"。还有，睡前洗脚、睡前不语、睡前勿食等，都是有益的安眠之法。在衣着方面，宽舒合体勿紧束，以利于血液循环。春衣慢慢脱，秋衣迟迟冻（俗言"春捂秋冻"）。

在青年时期就重视体育锻炼，如练习太极拳、八段锦、五禽戏、易筋经，或自编的养生操等。他们喜欢"安步当车"，多数老中医古稀之年仍坚持徒步上班，既散步，又散心。简便易行的还有叩齿、咽津、摩足、揉腹、拢耳、甩手以及按压保健穴等。有的喜静不喜"动"，但这种"静"并非绝对不活动，而是以自我调息代替肢体运动，即注重内功修炼。"若要健，天天练"。不管哪种锻炼方法，持之以恒是保持身体有效代谢的关键。

古代到了嘉峪关就已经是边塞了。

再往西，就是塔克拉玛干沙漠，那里的生活方式与我们这边有了很大的区别。别人是否愿意接受你，与你交流也就成了问题。我这次出行自备了止痛药、止泻药等，正好有个维吾尔族妇女腹痛难忍，泻下不止。车上的人都知道我是老中医，于是，我看了她的舌苔脉象，辨证之后，给她吃了药，服用后就好了。

这之后也使得他们与我的关系得以亲近，愿意与我多说话，讲述了更多关于这里的风土人情、历史文化。塔克拉玛干大沙漠风沙大，走在上面鞋里得有半斤沙子。

当时我们的车在一家饭店前停下，吃饭时我们问这附近都有什么景区可以去，女老板说有个女儿国。以前看唐僧取经有个女儿国，原来真存在！中央台记者还路过一次，并报道了出来。自此之后，国家为了保护文物，不让游客随便进去。

可是都已经来了这么远了，真想去看看！我就去找了卫生所所长，跟他谈了谈，这个所长人挺好的，开着吉普车跑了七八公里路送我到了女儿国。

女儿国跟我想象中的有点不一样，面积很小，只有一个中学学校那么大，但看上去还是有着古韵的雄伟。它的标志性建筑就是高高的城墙，城墙很高、很厚，是黄土搭建起来的，里面全是沙子。女儿国所在的地方终年刮大风，沙子建起来的城墙居然屹立几百年不倒，真是一大奇迹！

过了女儿国，就到了楼兰。古诗有云"不破楼兰终不还"。进入楼兰，天很宽，视野非常开阔，半天也没有人影。要是坐车，一天才有一趟，半天都不停车，只有到了沿途的饭馆和商店，车才停下来。

楼兰风沙更大，沙子满天飞，风大到能把楼盘吹倒。有时候车子陷进去，人就要下来拿铁锹把沙子刨开，再靠全车的人力推车。

一路上的旅行比较顺利，出于感慨，我还自编了一个顺口溜，作为纪念：

> 车轮刨沙轮方转，摇晃颠簸行运慢。
>
> 震动噪音惹人烦，沙刨土起天地暗。
>
> 车内灰尘常扑面，人体床面不相连。
>
> 水平座上乱飞窜，谨防碰头颈椎断。
>
> 口干舌燥实难言，瓶口对嘴有困难。
>
> 咬牙常有沙粒干，停车方便行不见。
>
> 提包不知跑哪边，车内笑我没经验。
>
> 害得我整夜长思念。天明帮我都找见，
>
> 　　一夜不得五分眠。
>
> 男行小便多方便，尿已随风飘旁边。
>
> 女人小便更麻烦，沙尘常钻会阴间。
>
> 今非昔比交通便，当年唐僧取经还，不知多少艰难险。

如此受苦为哪般，只缘楼兰这梦幻。

（2001年8月19日写于库尔勒古城女儿国）

当初唐僧西天取经路过楼兰，不知道费了多大的力气。如今我也终原了我的楼兰梦！

这趟旅游共用了28天。回到家，儿子果然守信用，没有打开过那封信，晚上睡觉前还给了我。

经过将近一个月的旅游，在与少数民族同胞相处的过程中，我发现，他们还是有很多优点值得借鉴的。比如，他们对历史的保护；对自己特殊地理环境的开发利用，比如说坎儿井；他们的劳动能力、对恶劣环境的适应能力都是很强的。这对于我们中医学者来说就是一个启发。在学习中医方面，一定要有毅力，能吃苦，并且要善于发现、善于利用问题解决问题。

诗云：行百里者半九十，越接近成功的时候越是困难。面对挫折，要有不服输的勇气，哪里失败了，就从哪里站起来，一定要有敢于直面挫折、直面困难的勇气。

2001年8月郭老旅游行经火焰山

与郭老一起走进吐鲁番，共同去感受它神奇的魅力

入夜，郭老在吐鲁番宾馆葡萄架下一边品尝瓜果，一边欣赏晚
会。暑气尽消，心旷神怡

88岁遭遇人生最大一次骨折痛苦

2009年的一天早晨，我醒来后发现老伴儿睡得正香。算了，让她睡吧，昨天有亲戚来，她忙前忙后，也挺累的。我就别睡了，赶紧起来穿好衣服，去帮老伴儿把尿盆倒了。

我们家的那个厕所很麻烦，进去时要跨过一个高门槛。对我们老人来说，这门槛可真不方便，一不小心可能就摔倒，想着哪天要叫人把它拆了。

我倒完尿盆后，弯腰起来，却万万没想到，弯腰这么简单的动作也差点要了我的命。

当时我可能起来得太猛了，只觉得脑供血不足，人突然就失去了意识。等我反应过来，我已经摔倒了。摔倒了，这没事儿，关键是胯骨正好撞在门槛上，就是刚才想要拆的那个门槛。这一下可不好了，骨折了。

人老了，再有点心脑血管病什么的，尤其像我本身又有冠心病，血压控制不好，一低头弯腰，很容易出现头晕眼花、天旋地转的情况。这时候就算你想站稳点，身体也不听你的话，很容易跌倒。我明白，冠心病这些都不是病，我真正的病是衰老。你老了，肌肉、骨骼、神经等，就不会像年轻人那样有活力、充满灵活劲儿了，身体协调能力变弱，人的感觉也跟着变得迟钝，要是发生个什么紧急状况，你根本反应不过来。

有个调查，中国65岁以上的老人，平均每10人就有3~4人有跌倒的经历。跌倒了，就容易发生骨折。

人老了，骨质容易疏松。截至2009年，我国至少有6944万人患骨质疏松症，另有2.1亿人骨量低于正常标准，存在骨质疏松的风险；50岁以上的人群中骨质疏松症总患病率为15.7%。随着老龄化社会进程的加快和人口寿命的延长，这一比例还将逐步增加。

国际骨质疏松基金会发表的一组数据显示，全球每3秒钟就会发生一起骨质疏松性骨折。也就是，你在说句话的工夫，就有3个人骨折了。

骨质疏松是什么呢？我们都有个生活经验，衣服穿时间久了，容易磨破，骨头也是如此，你的身体衰老了，骨头密度就降低了，骨头变脆了，它承受外力的能力就变差了，就跟白蚁蛀过的树干一样，踹它一脚就会折。这种跌倒太容易发生了。如果身体真的不受控制，倒了，一定要记住，首先要保护好头部，这样可以使损害降到最低。

还好，这次幸亏不是头部撞在门槛上，而是股骨头。但是股骨头也没有好到哪里，进了医院，医生说股骨头这里断了，还说我年龄大了，最好不要做手术了，做手术不一定能好利索。老人嘛，岁数大了动手术，容易发生感染，感染了又不容易好，伤上加伤，风险更大。

医院就采取保守治疗，给我打了麻药，在胯骨骨折的地方用电钻打了钢钎，从骨头里面穿过去，让骨头自己愈合。

老人最怕骨折，为什么呢？老人骨折了，要乖乖躺着不动，这就有问题了——卧床时间久了，你总是不活动，很可能会出现各种其他的病，泌尿系统感染、褥疮、肌肉萎缩等。

这些病是怎么得的呢？生病了，卧床久了，很多习惯都要改变，比如最简单的排尿。男人站着尿了半个多世纪，突然有一天，你要他躺在床上，接着尿壶，不光是感觉上的不习惯，身体本身也不适应，尿液很容易排不尽。正常情况下，排尿这一动作需要两点来控制：一是你身体要尿，二是你想尿了。也就是说，是受神经控制和意识的反射性活动。一开始，你躺在床上，不习惯，你根本不愿意这样排尿，要憋尿，就算排了，也排不干净，时间久了，膀胱里的尿液就跟剩下的营养液似的，招来大量的细菌，给它们提供营养，让膀胱成为它们生长繁殖的乐园。这一来，尿路就感染了。有一个数据，长期卧床的病人，留置导尿管时，尿路感染的发生率高达90%。

褥疮呢？这很好理解，长时间不动身，气血滞留，气血不顺畅了，皮肤得不到新鲜血液提供的大量营养，更新换代也慢了；再加上你睡的那块地方，空气不流通，细菌大量滋生，皮肤无法对抗恶劣的环境，有了反应，就生病了。

而肌肉萎缩呢？我们都知道一个道理，用则进，不用则退。一个动作要完成，全靠肌肉的拉伸，肌肉就有如一根根橡皮筋一样，造它出来就是为了让人们抻抻拽拽的，你不用它，还长时间把它放在那里不管，久了，它就失去弹性，萎缩了。为了不使肌肉生锈，还是需要经常动一动、跳一跳的。

这样一来，我就只能躺在床上，一直躺着不能动。老伴儿说我："真是好心做了坏事儿，还不如我自己去倒尿盆呢。你看，现在只能躺在床上，这样不能动，那样不能动，还得别人伺候着。"

60天以后，医生给我拆了钉子。骨折的地方总算是愈合了，可随后我发现不良反应出现了。60天不动，腿骨这个肌肉就萎缩了，明显右腿粗，左边这条腿细了0.5厘米。

人骨头活动就是靠肌肉的伸缩，因为肌肉萎缩了，拉力不够了，走路时必然出现问题，一走路，左边这条腿就疼，身体的全部重量势必都压在右腿上。腿一疼，人就显得一跛一跛的。

　　而且，我的右腿膝盖以前出过问题。中医上讲人老先老腿，20年前我下楼的时候，膝关节就感觉软、疼，我当然知道这是膝关节增生，西医叫髌骨软化。后来我发现，这也是一个老年病，我就开始揉。前后我揉了三四个月，这个关节渐渐不疼了。

　　而这次拆完钉子后，我总是用右腿走路，右膝关节就又犯老毛病了，走起来那里很疼，我就照着以前治好自己的经验，又开始揉右膝关节，揉了两三个月，没想到，又好了。

　　揉膝关节，确实对膝关节的软化起到很大的作用。膝关节疼，多揉，多走路。人主要是靠走路活动，这样才能气血流通，这样才能长寿。

　　腿脚走路利落了，我就想着去医院查查骨密度，别有骨质疏松等骨方面的疾病。一查，我的骨密度是60岁人的，88岁的人像60岁人的骨骼，我还没老，这真让我惊喜。

　　要知道，人体99%的钙量都在骨骼上，骨头就是由钙支撑起来的大厦。活动决定着钙量的流失程度，像我平时都没有特意去补钙，就是挺爱运动的。上学时生活很规律，那时候，不管冬天，还是夏天，我都去操场跑步。现在也是，年龄大了，跑不动了，我就多走几圈，打打太极拳。六七点起床，无论下雨下雪，都不间断。现在给自己总结了一套保健操，每天都锻炼半小时。生命在于运动，上肢和下肢都要运动锻炼到。没想到，运动久了，还会收获这样意想不到的健康效果。

93岁成功打败肿瘤君

如果不是那次我去医院动手术，我都不知道自己的肠子居然比正常人要长一截。

93岁那年，有段时间我大便带血，血的颜色是暗红色的。再加上肚子经常不舒服，常常会出现腹部胀痛、胃部有饱胀感或腹部绞痛等，有时候还会拉肚子，动不动就感觉很疲倦。

我一看，这可不是好信号，我身体的某部分很可能出现了异常变化，也可能是癌症，这可不能耽误，我立马去了医院，详细地做了全面检查。

检查结果出来了，确诊我得了直肠癌。

家人和朋友知道后，一个个都特别着急。我说没事儿，别太着急，心一定要宽一些，天塌了还有高个儿的顶着呢。一个人再有能力，他也不能拎起头发，把自己提起来。真有那么严重的话，大不了一死。可以说，人从出生的那一天起就开始向你的坟墓方向走，有生就有死，这本来就是人的归宿，没什么大不了的。

别人都说，你还挺想得开。那是自然，今年我都是90多岁的人了，有什么想不开的。

人的生命，本来就很脆弱。要说死，可能有9999种方法。让大脑缺氧，仅几分钟，就会使脑细胞死亡，永远不能复活；爬山走路，会损害你膝部的软骨，使它再也难于复原；我们的动脉会堵塞，大脑会因血小板凝结而得老年痴呆症，等等。我们体内有35万亿个细胞，出问题的可能性太多，更何况是衰老、是癌症呢。

医院马上安排我做进一步的检查，以便进行接下来的癌变切除手术。检查报告出来后，所有人都惊呆了。原来，我的肠子比正常人多了20厘米，更巧的是，癌变部分正好在多出来的那段肠子上。

最让大家感到不可思议的是，那次做完手术，三天我就下床走路了。我记得很清楚，那天早上，我从病房走出去时，医生和护士见到我，都惊叹我怎么恢复得这么快，才三天就可以下床了，体质太好了。一般做这个手术的人，就连年轻小伙子，还得需要十天半个月的休息呢。我也很惊讶，自己的身子骨还挺硬朗。

几个病人和医护人员围坐在我的病床前，问我手术后都吃什么。我说没什么特别的，就是鸡蛋、小米粥，还有蔬菜汤面。我跟他们解释，吃这些那是因为我从小到大一直生活在陕西，习惯了吃面食，全身的细胞也早已适应这种营养轨迹。对待身体这头"顺毛驴"，术后我所能做的就是顺着细胞的脾气来吃东西，哄着它，养着它，这样病才好得快。

我的病好得快，主要跟我平时养生有很大的关系。

我的生活很有规律，春夏，每天早6点我就起床晨练，秋冬天亮得晚了，我就7点起床。每天坚持午休半小时到一个小时，如果没有特殊情况，晚上10点我就会躺床上休息了，而且从不熬夜。

我看现在好多的年轻人总是熬夜，不是熬夜打游戏，就是熬夜追剧，要不就是加班工作。年轻人竞争激烈，生活压力大，加加班是应该的，但那些熬夜吃喝玩乐的，实在是在透支生命。

说他们透支生命，主要是因为熬夜会伤气血。气血是人体健康和长寿的"核心发动机"。"生命的原物质"产生的能量就是"气"，如果说我们人体是一座城市，那么"气"就是这个城市的交通系统，"血"则是这个城市的防御系统。"气"把营养物质运送到各个部位，温养五脏六腑；把代谢废物排出人体，以便不积攒垃圾带来毒素沉积。血抵御着外邪的入侵，像是海洋调节着地球上的气候一样，血掌握着人体内的"生态平衡"。气血被视为人体生长发育，脏腑运转，体内物质运输、传递和排泄的基本推动能源，营养着全身35万亿个细胞，给我们的生命活动提供源源不断的动力。

还有吃，吃可是一门大学问。吃可是为了养活五脏六腑，不让它们生病，所以送进嘴里吃的、喝的，还都得是五脏六腑喜欢的。从营养学观点看，不宜吃得过饱，也不宜太油腻。多吃新鲜蔬菜水果，以素为主，荤素搭配，七八成饱，最有利于健康。

中医上讲，吃东西，要以脾胃的收纳运化为基础。也就是说，我们的脾胃像是行军打仗的士兵，我们吃什么，喝什么，一定要考虑到这群士兵的能力、局限是什么，他们的性情是什么，尽量降低脾胃的负担，不要让这群士兵在战场上还没有开战，就已经被扛着的武器重压致死。

另外，不能忽视的就是运动。我很喜欢运动，没生病前，每天起早长跑、打太极拳、做保健操，四十年如一日，我每天在小公园做的那套保健操，现在好多人都在跟着我做。

就因为我经常运动，平时门诊我坐一上午腰都不痛，和我一道在操场跑步的中年女同志说，我走起路来连她们都追不上。

这运动也是有讲究的。早调心肺，晚调肝肾，常调脾胃胆。

为什么早晨起来调心肺呢？咱们大家都知道，晚上睡觉，是人最安静的时候，心率是最慢的时候。早晨起来，心率加快，肺活量增大，所以早调心肺。早晨起来刷完牙，洗完脸了，吃完早点或者没吃早点，出去遛遛弯，一边走着一边就把这操给做了。

　　怎么做呢？很简单，一边走着，一边搓着手走。什么概念呢？手心有一个穴位叫劳宫穴（握拳屈指的中指尖处），它是心经的主穴。搓手的目的，就是按摩这个穴位。你按摩这个穴位，这个穴位就通过经络刺激心脏，让心脏兴奋起来，帮助人体迅速恢复动能。就跟咱们针灸似的，通过穴位刺激经络，达到脏器里头。那么这就一边走着一边搓着，也没人管你，挺舒服的吧？两手搓热了以后，趁热在眼睛上捂一会儿，也跟"用热水滴点儿醋熏眼睛"的道理是一样的。

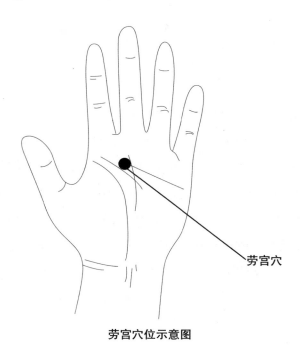

劳宫穴位示意图

　　走一会儿累了，搓搓列缺穴（两手虎口张开，垂直交叉，示指压在所取穴位侧的桡骨茎突上，示指尖端到达之处），这是肺经的主穴位。你如果咳嗽、痰多，就离不开搓列缺穴。用发热的手掌心来回搓，一边走着一边搓着……你刺激脏器，脏器兴奋，血循环就畅快！这叫运气动血，你这样就运动啦！搓完了，也到了公园里头，打打拳、练练操、跳跳舞，就全齐了。

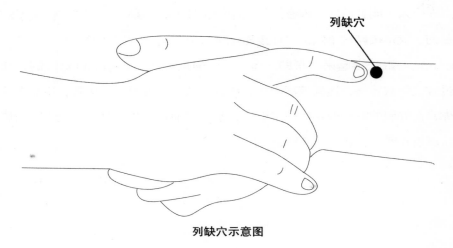

列缺穴示意图

"晚调肝肾"具体怎么调？其实很简单。

先说肾怎么调，每天晚上热水泡脚。在泡脚的时候你这手别闲着，两手握拳，用拳背平行在脊柱上下反复搓"肾俞穴"。底下泡着脚，自己使劲搓搓腰这儿。按摩肾俞穴，通过经络刺激肾脏，让肾脏兴奋起来。中医讲"肾为先天之本"。肾的好坏，看的就是肾气足不足。如果肾气足，排尿就痛快，用老百姓的讲法儿，垃圾不就全排出来了嘛！你一边泡脚一边搓着腰这儿，谁也不耽误谁。

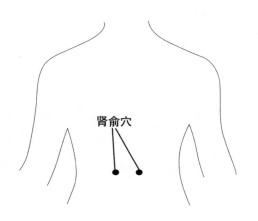

肾俞穴示意图

泡脚出汗是脏病

有一个办法可以证明搓这儿的好处，你们可以试试，咱们平常泡脚，出的汗什么味儿都没有。你加上搓腰这儿，你看你慢慢出那汗，是不是酸味越来越重？这说明什么？说明把脏器里头的脏东西全排出来了！

还有一个病症可以说明这一点，很多女同志冬天手脚冰凉，脚泡完了，热乎了，赶紧睡觉。还没钻被窝里头呢，那手脚又凉了……你加上这个搓腰，看看你脚还凉吗？为什么？你气足了，气足血就足了！脚为什么凉？脚是神经末梢的底部，需要大的压力，才能把血循环起来。你气足了，血就足了，脚底下的气血循环不就上来了嘛！气血循环上来了，脚不就热了嘛！坚持这样边搓腰边泡脚，慢慢脚就不凉了，你们不妨坚持一段时间试一下。

调完肾了、泡完脚了，冲一个澡，该上床睡觉了！睡觉的时候别闲着，干吗？躺在床上，先别睡，保护保护肝。

怎么护肝？很简单，仰卧在床上，双手上下重叠，内外劳宫穴相对，男士左手在下，女士右手在下。从肝区这儿开始，按着这肚子，稍微用点力，顺时针往下转；转2～3圈，转到腹部的底部，连续5次；再从腹腔上部向下至腹腔的底部，平推5次。顺时针转5次，加上平推5次，这叫一组，每天晚上做10组。目的是什么？就是把你这气循环起来，让你这气顺畅了！

中医讲"顺为补，逆为泻"，所以必须是顺时针。有人听说正转几圈再反转几圈，那么我得问问你，你那是补还是泄呢？因为人老了，上岁数气先亏。这样做可补气，把气给调上来。每天晚上做10组，做完了睡觉，对睡眠也会有很大的帮助。

早调心肺，晚调肝肾，常调脾胃胆。为什么要"常调脾胃胆"呢？咱们大家都知道"民以食为天"的说法，人活着靠的是食物。那么从我们的各个脏器来讲，靠什么呀？运化吸收！

你吃得再好，不运化、不吸收管什么用？即使你吃得差一点儿，如果你运化吸收好了，不也有很大的作用嘛！

脾胃运化，怎么调？其实也很简单。胫骨（咱们老百姓叫迎面骨）左边一条缝，右边一条缝，就这宽度，白天没事在那儿，坐着也是坐着，顺着这宽度经常性地捋捋它。一边是肝脾经，一边是胃经，胃经上头有一个重要的穴位"足三里"，咱们老百姓都管它叫长命穴。为什么叫长命穴？你吃得好，消化好，不就长命了嘛！所以它是这么来的。白天坐那儿经常捋捋它，这叫"常调脾胃"。"胆"怎么调呢？也很简单。胆经在大腿的外侧，基本上就是沿着裤子侧面的缝合线。你坐车在那儿排队的时候、白天没事儿出去遛弯儿的时候、买菜的时候，你就用手或拳敲敲大腿外侧，刺激刺激它，让它兴奋起来。阳陵泉

"常调脾胃胆"，瞧见没有，你这一天没花特别多的时间，就把运动这点事儿全办了。大家想一想，你无时无刻不在刺激这些经络，让它运动起来，你想想这脏腑能不好吗？所以运动的意思叫运气动血，也就是调气血平衡。

还有，亲力亲为也是运动，不要小瞧。你想吃一盘拍黄瓜，就要从冰箱里取出黄瓜，洗、切、拌，这需要你一个人做。还有，把步行当作享受的事情，坚持去做，这些被证明是防止认知降低的唯一方法。

对我来说，身体就像是一棵树，要想让这棵树茁壮成长，就要悉心照养，而运动养生、饮食调理、起居有时、养性调心就是这棵树所需的全部养分。

每天绕着医院的大楼溜达一两个小时，再配上家人和医院的营养餐，我的身体很快恢复到以往。没有一个星期，我就出了院，回归到正常的生活中。

95岁依旧是个"工作狂"

2013年，电视台的一个记者来采访我。采访当天，有两位蒲城永丰的乳腺增生患者突然来了，看到我在接受采访，她们就站在门口等着。当我回答完那个记者的问题后，赶紧问她们，找我有什么事儿，这才知道，人家是来求诊的。

看病的！我立马站了起来，说道："你们咋不提前打个电话？"说着把人引到里面房间，又想起记者还在等着采访我，我又折回来不好意思地与记者商量："咋办？这人都来了，要不就给她们先看？"随即搬起客厅的一个实木圆凳子准备进里面房间给人瞧病。这凳子一看就十分沉，记者赶紧上去要帮我搬，我跟他们连连说，"不用，这轻得很。"看着我轻快的样子，记者疑惑地去试了试旁边另一个一样的凳子，却一下没抬起来！

那个记者走时，本来我还想刚才临时跑去给患者看病，挺不好意思的。他们却没有怪我的意思，还说，我都93岁了，身体还这么棒，并坚持给患者看病，真的是比年轻人还工作狂。

工蜂，飞到各个花海去采蜜，为蜂群做贡献，然后某一天，退休。我就是那只工蜂，只是工蜂会"退休"，可我并不愿意。

在1983年，我62岁时退休了，从那以后开始不再担任系主任工作，但学校还是让我担任研究生导师工作，这样一来，我还可以去出诊，为病人解决疾病与烦恼，或者去学校给孩子们讲讲课，在实验室搞搞实验研究什么的。

讲课看似简单，只要照着课本念一念，再根据临床经验给学生们解释一下晦涩难懂的地方就行。其实不然，我讲两节课，90分钟，我要在课下准备很长时间，所谓"台上一刻钟，台下十年功"，尤其对中医更是这样。中医有文化传承的特点，这就意味着有很多的地方是古文，生僻字不少。我不想"以其昏昏，使人昭昭"的方式来敷衍那些认真上课的孩子，所以经常思考这些问题，饭都吃不下去，还大把大把地掉头发。

困难总是这样，扇你一巴掌，再给你一块糖吃。在经历困难的过程中，反而把我提升了。

"郭老，您今年都95岁了，怎么不待在家里弄孙为乐，还要出来工作，受这份没必要的辛苦呢？"很多人这样问我。

确实，对于大部分人来说，60岁的花甲老人理应退休，待在家人温暖关切的港湾里"养老"，更何况我已经是95岁高龄了，还继续做个"工作狂"！

在我的眼里，其实压根儿就没有"退休"一词，却有另一个词深嵌在我的脑海中，这个词就是"生活价值"，简单来说，就是"你早晨醒来的理由"。

如果你兴趣广泛，那么每天醒来后，会有快乐的事情等着你，谁又愿意转身跑开呢？

我就是一个闲不住的老头！

2003年，为了针刺治疗乳腺增生生病机理的科学研究，除了治疗前后要求采集病人的血液，从血液中检测出有关性激素的含量，用以搞清楚针刺治疗的有关机理外，必须与当地健康妇女正常值作对比，而陕西关中地区当时没有健康孕龄妇女月经周期中雌二醇、孕酮、睾酮的正常值。

这就要求我去远离咸阳90多千米的富平农村采血，但要求研究对象必须是临床孕龄期的妇女，要集中到一个采血点采血，两天采一次血液，要采一个月的。这就要求我们为数不多的人，一个人采血14～15次，采完的血还必须及时分离，放在零下4℃以下的冰中，保存静放4天，再转入零下20℃以下保存，再集中时间测定。

这是一项系统性工作，首先是解决血友问题，而这些血友均分散居住，距离集中采血点近的1千米，远的呢，得有10千米。人数又非常之多，两天采一次，血友的思想工作、经费等，以及工作的严密性、繁复性可想而知，这些都需要我亲自去管理，每一个环节都不能出错！

那时候，我经常是走好远的路，不是去采血点，就是去血友家中，做血友们的思想工作，还要解决采血过程的采血、分离、保存、运输等各种问题。

有一次，在运输冰冻的血液时，车坏在了路上，等车修好了，已经是晚上11点多了，到了咸阳，也已经是凌晨12点了。那一路上没吃没喝，我也是服了自己了，居然不渴不饿的。

为了节省经费，我住在一个老同学家里，每天早出晚归，步行8千米，无论刮风还是下雨，都不休息。那时候领导和血友们总说我才是真正的工作狂。

平时呢，练书法、集邮、养花、收集古币字画、看书、运动锻炼，这些都是我日常生活中最不可少的活动，当然，最重要的还是自己的看家本领——出诊。至今仍坚持在陕西中医学院（第一）附属医院每周二、周五上午出门诊。

1980年，学院在针灸教研室的基础上成立了针灸系，将我任命为系主任。从此，我和我的团队开始系统地研究、梳理针灸理论，系统地编写教材。最初编写的教材都是用手写的，后来是用蜡版刻写的。1981年开始招针灸研究生，包括现任北京大学医院张宏印院长、北京中医药大学针灸推拿学院赵百孝院长在内等，有成就的研究生遍布北京、上海、广州、台湾等地。

你可以发现，中医就跟一件古董似的，年龄越高越值钱，这体现在方方面面。且不说多年积累的临床经验，单单说这个医德，我现在活到95岁了，都不敢大言我的医德有多么高尚，只能说对得起自己的良心。

身体好，才能做"工作狂"，这都离不开平时的运动养生。在我50多岁的时候，由于肠胃功能退化，常常便秘，下楼的时候，还经常膝盖疼。根据自己身体出现的症状，我琢磨出来一套适合自己的养生操，开始每天锻炼。方法是拍胸、揉耳、揉肚、揉髌骨，这套方法被大家起了一个形象的名字：一拍三揉。

就这么几个简单的动作，我坚持了40多年。现在的我目明、齿坚，健康状况比年轻人不差。我是这样跟别人解释这套养生操的原理的：拍胸实则是拍胸部正中的膻中穴，膻中者，为气之会，具有调气降逆、宽胸理气之功；中医讲耳朵是宗脉之所聚，筋脉都在耳，所以常揉耳朵，是全身保健的一个有效方法；揉肚子是为了促进肠胃蠕动，恢复肠胃功能；揉髌骨则能减缓髌骨老化。

"为医必铸仁心，方能施仁术。术精勤，方可除疾病。诊治勿视贫富，勿欲名利，勿鄙视他医。人命千金，勿枉为之。"在养身的同时，我们也要注重精神上的修养，做一个有生活质量的老人。

郭老在名医馆工作室坐诊

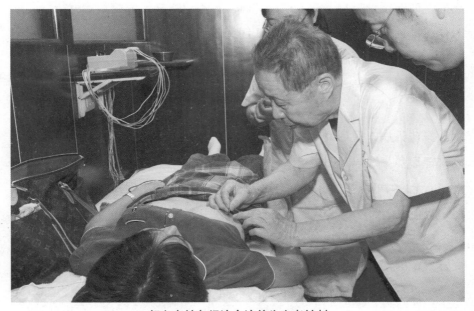

郭老在针灸门诊会诊并为患者针刺

世界针灸治疗乳腺增生第一人

1976年，我轮转科室到了肿瘤科值班，遇到一女病人，来治疗乳腺增生，服中药多次不见好，疼痛难忍，让我来治。我说："我要用针灸给你治疗，你能接受吗？"病人说："可以，不管咋样，你给我治就行。"那时候对针灸治疗乳腺增生病没有任何经验和资料，不管是医生还是患者，都不知道针灸就能治乳腺增生病。我只知道针灸有镇痛、调和气血、舒经活络等作用。在病人的再三要求下，于是我给病人按常规取穴针灸，进行治疗。

第二天病人早早就来找我，说："郭大夫，你给我扎针之后，我的疼痛减轻很多，效果明显得很。"要求我继续给她扎针治疗。之前这位患者看了六七次中医不见效，服了10余服中药后，反而出现胃胀、不思饮食等症状，自觉消化不行，我对症选穴加足三里。

第三次来，病人很高兴，激动地说："郭老师，我的胃能行了，吃饭变好了，消化也好多了，真的是太感谢你了。"

第四次，这个病人说："郭大夫呀，我40多天了月经没来，你看能不能给我治一下。"我就再加了三阴交穴。她第二天来感谢我说："郭大夫，你真是神医！我还没回到家，月经就来了。"

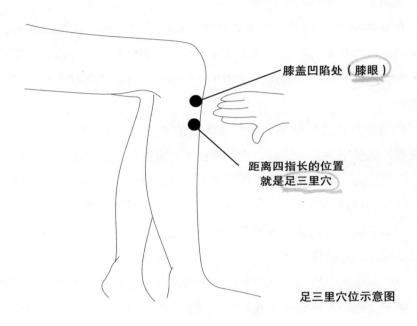

膝盖凹陷处（膝眼）

距离四指长的位置
就是足三里穴

足三里穴位示意图

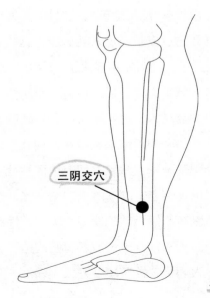

三阴交穴

三阴交穴位示意图

经过几次治疗，病人的乳腺增生病已痊愈了，觉得针灸很神奇。

这真是一件新鲜事儿！

在这件事的影响下，有更多的病人来找我针灸治疗乳腺增生病，我也是自这以后开始接触此类病人。我查阅了各类资料，进行深入的实验研究、激素测定等，前前后后经过10多年的研究，才对乳腺增生病有了一定的理解。

我发现针灸还能消除乳腺增生病人的肿块，过去医书上，针灸书上都没有治乳腺增生病的记载，也没有说治疗乳腺肿块。中医书上最早有记载治疗乳腺癌、哺乳期乳汁少可用针灸，其他就没有记载了。我就感觉好奇，猛然有了这样的效果，好突然。但这也可能是偶然性，偶然地碰上了治好它的机会。但这偶然性后面，也一定有个必然性，需要长期观察，才可能发现它的必然性。

95％以上的女性都有乳腺疾病，乳腺纤维瘤、乳腺增生等。你可能会说，郭老，你千万不要吓唬我们啊。这不是在吓唬人，现在乳腺疾病就像感冒一样常见。

乳房发育后，女生都爱穿那种有纤维的胸罩，这种不是纯棉的胸罩可是披着隐形斗篷的杀手！纤维会透过皮肤，进入乳房里，这些看不见的纤维在乳房里积攒、沉积，时间久了，乳房就不健康了，会发展成纤维瘤。

乳腺增生呢？它的发病频率就更高了，情绪不畅、脂肪摄入多、多次人流、生育不哺乳、吃含激素的食品等，这些都可以导致乳腺增生。乳腺它是一个激素作为的一个靶器官，乳腺组织是性激素的靶器官，这个靶器官的意思就是说，它就像一个靶子一样，激素专门有选择性地将其作为靶子。人生气了，高兴了，哭了或者笑了，38％的人情绪不畅，这都会让性激素的含量有变化，除非你是没有七情六欲的僵尸，否则，性激素水平一定是不稳定的。那么如果是说激素水平，或者激素有些问题了，很可能就会引起你的乳腺问题。再有，人们给"性环境"开放了绿灯，性刺激机会增多，这些可以促使"动情素"分泌，造成雌激素分泌增多，刺激乳腺组织而产生乳腺增生。

中医上认为，发生乳腺增生，心情抑郁是最大的导火索，你情志失调、气机郁结，也就是不高兴了，全身细胞都跟着郁闷，郁闷到失控，尤其是胸部的细胞，它们是最敏感的，它们发泄的方式就是增生，不正常地复制细胞。

脱掉上身衣服，使乳房放松，用右手的四指指腹从上到下、从左到右慢慢按揉左侧乳房，用左手按揉右侧乳房，检查是否有肿块。如果有肿块并伴有疼痛，可能是乳腺增生。

还可以通过一个穴位，来帮助你了解你的乳房的一些状况，它是不是健康。什么穴位？这个穴位叫屋翳穴。我治疗乳腺增生病，这个穴位是很常用而且是很重要的一个穴位。这个穴位本身就很敏感，你按它以后一般都会有一些酸胀、酸麻或者酸痛的感觉。但是，乳腺增生的人要压这个地方，会有刺痛感。用力要均匀，不能使劲压，使劲压都会痛。要轻轻压一下，然后在上面或者下面，或者旁边再压一压，这个点如果是非常刺痛的话，那么就提示你，乳腺方面出现问题了，很可能就是乳腺增生。

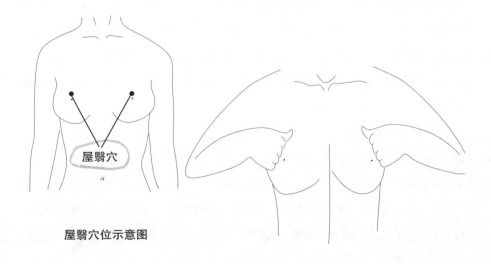

屋翳穴位示意图

男性现在跟女性一样，患乳腺增生的比过去多得多了，但是和女性相比还是少得多。现在就经常有男性也会得乳腺增生的报道。按屋翳穴出现刺痛感，是乳腺增生的早期信号。

乳腺增生，有癌变的可能性，但是很低。100个病人只有不到1％可能癌变。这个乳腺增生转变为乳腺癌的概率很小，但是如果发生在你身上那就是百分之百。但好多人就不重视了，反正那个1％也不会发生在我身上，你最好不要抱有这种侥幸心理。另外，有了乳腺增生表明你的内分泌处于紊乱状态。

可见，大部分女性和少数男性都走在乳腺病的边缘，一不注意，可能就掉进疾病的深渊。于是，我就开始了针灸治疗乳腺病的研究。

我承认，自己并非是一个智力超群的人，但有一点值得骄傲的是，一旦有了目标，我会比别人肯花更多的时间、更多的精力，努力再努力，坚持再坚持，目标不一定能达到，但不努力，就连可能成功的机会都没有。

学、思、悟，让人成长。实践的经历中勤于思考，才能从中悟出道理，再将其用于实践，从而得到提高。人与人之间，人与事之间如此，人的成长道路上更是如此。

用针灸治好了乳腺增生的病人。从那之后，我就开始对针灸治疗乳腺增生病的穴位进行选择。一开始，从病人症状入手，这病不是疼吗，我就选择具有止痛作用的合谷、乳房局部的屋翳、膻中，挺有用，疼痛确实减轻了。可有个问题，乳房肿块消散得特别慢，扎一次针，才消除黄豆粒大小，这太慢了。

再研读相关书籍，加上和其他专家交流、总结，增生采取针灸治疗，或者是针灸和中药结合起来治疗，效果都非常好，所以不要手术。为什么不要手术呢？因为乳腺增生，与情绪有关，情绪一不好就能引起内分泌系统紊乱，女性激素就发生变化了。那就是中医说的，肝气不束导致冲任不调。冲任不调就是女性的激素分泌不正常了。为什么女同志现在有月经？

月经的来或不来，与激素关系非常明显。所以这个病，最根本的原因是激素失衡，是你身体里的激素失衡了。你把它切了，等于是把树上的树叶全去掉，那根没有去掉，按中医所说，你治标不治本。你如果把激素调整好了，它自然不增生。

原理清楚了，这可算是给我指了明灯，就差实践这跟电线了，怎样给电线通上电，让灯亮起来呢？实验。

我找了三组人，一组扎胸，一组扎背，一组扎胸和背，一天一组。结果呢？三组穴位针刺后，扎胸和背的那组，疼痛消失得不但快，乳块消散得也快。

作为一名医生没有悟性，是不会有成就的。悟性也是特殊的好奇心。治一个病为什么能治好，可能是偶然性，也可能是必然性。用同一种药方治病，治一个好了，治其他人不好，第二回用就没效果，这个时候就要多思考，为什么有人能治有人不能治，要思考别人为什么能治好。

说这么多，其实我也就是想说，这就是偶然性。假如没有这好奇心，不敢去治疗，觉得不是我们所擅长的疾病，就不敢接诊病人，那么我也不会有这样的发现。孔子说："学而不思则罔，思而不学则殆。"有悟性，有灵感，要坚持。看到不会治的病，要多翻资料看书，积累自己的知识，总结经验。要有耐心，绝不可以骄傲。人就害怕过于骄傲，自我感觉好，别人的话听不进去。看病人开处方，要好好开，不可以低看病人。人都有自尊心，病人选择哪位医生是很正常的。

每个人都希望医术高明的大夫给他来诊治，这是人之常情。所以，医生心态要端正，遇到自己不能看好而别人却能看好的病，要虚心去学习，要勤思考别人为什么能看好。我有很多看不好的病人，能看好的都是少数。我遇到不懂的问题会第一时间去研究，去思考，翻资料，查文献，去学习它，领悟它，这样才能进步。

养生秘诀身上找

2014年深秋的古都咸阳，即便阳光透过窗户打进来，室内仍难免有几丝凉意。客厅的沙发上放着"国医大师"的荣誉证书，学校送的鲜花被摆放在窗台上。

坐在沙发对面的记者问我："您作为一位93岁的老中医，被评为第二届'国医大师'，在您从事中医的生涯中，又开创了针灸治疗乳腺增生的先河，多项成果被全国高等院校教材收录。对于取得这些优秀的成绩，您有什么想说的吗？"

我一个人坐在沙发上，回想自己从医的64年，真的是感慨万分。

我对他说："我不求名利，能取得今天的成绩，其实也是被逼出来的。"

这可能就是人家说的"胜者无所得"吧，真心喜欢一个东西，并投入全部热情去做好它，当这个东西坚持到最后一刻，成功也就会随之而来。我对中医就是这样的。

1921年，我出生在一个平凡的农家，既不是中医世家，更不是名门望族。年轻的时候还曾为生计四处奔波做杂工，从来没有想到，有一天会产生"为母治病"这一念头。自此踏入中医学界，而且活到现在，95岁了，仍旧耳不聋、眼不花，行走自如！

对于我来说，一切都不可思议，可又都在情理之中。

记者们或我的病人们，他们都在问我一个问题："郭老，您长寿的秘诀是什么？"长寿？在我看来，长寿本来就是人生下来最符合自然发展规律的过程，也是最舒服的姿态。至于好多人不能够长寿，违背了这个自然，这多多少少是因为自己偏离了健康的轨迹。

健康的路上，需要有三点支撑：心态平和、饮食健康规律、常科学地运动。

说到自己的心态，我脑海里瞬间会出现一幅壁画，白水仓颉庙里有一幅壁画：为首者是高官坐着轿子，其次是小官骑着马，再次是有钱人骑着驴，然后是挑着担子做生意的，再然后是推着小车做苦力的，最后面是衣衫破烂双腿残疾的乞丐在地上爬行。中间那个骑驴者回头频频张望，他似乎在想，"别人骑马我骑驴，比上不足，比下有余。"这幅壁画叫作《知足常乐图》。

知足常乐，心理和生理才不会大跌大落，这样就会健康。像我，天资并非智力超人，唯独过人者，是确定适合自己的目标后，有比别人花更多的时间和更多的精力，坚持不懈地努力，现在我都95岁了，仍坚持每天看书、杂志、报刊等，对学习抓得很紧，对国家的中医政策、科研方向等信息要时刻了解、掌握，与时俱进。

饮食呢？要三多三少：多素少荤、多顿少餐、多温少凉，多吃萝卜和白菜。

运动就更加重要了，俗话说，生命在于运动。只要不出诊或没有其他重要的事情，我就自己溜溜达达地去小公园做操去。这套操是自创的养生保健体操，去北京卫视的一档节目时我还给大家演练了一遍，起立、弯腰、踢腿、伸手够到地面，一个个动作演示给大家看。没想到，大家都挺感兴趣，还给这套操专门起了个名字，叫"一拍三揉"。

  还有一点，我体会越来越深——看病不要只局限在出诊室那一亩三分地。在诊室外，患者家里或者公共场所，病人远离了大夫专业的指导，这时，养病或者养生对于患者来说更要注意起来，最应该注意的就是——吃。

第二章

"食" 来运转

　　享有健康，最重要的还是每天进行补充能量的食物。吃得太多、太少等都会对我们的肠胃造成压力，过多的压力就会出现另外一种体现——疾病。我们还是通过食物来保护肠胃健康。不仅要颜色丰富，还要给肠胃加些"润滑剂"，用适宜的温度保护它们。中医讲究适应自然，每个季节所生长的食物也会有它独特的功能。在增添食物味道的同时，也要注意调味品——盐。另外还不要忘了我们身边最常见的萝卜和白菜。

"肠瘦"才能长寿

有个年轻时尚的女孩儿，20多岁的样子，两只胳膊挽着一位40岁左右的男人。想必应该是她爸爸，看着好有爱的感觉。

等他们坐下来，我问："谁不舒服？"

女孩儿开口了，对我笑着说："大夫，他。最近他总是没有精神，特别爱睡觉，有时候还会恶心。"

说完，转过头，对着那个男人甜甜地说道："亲爱的，你还有别的不舒服的地儿吗？"

亲爱的？！这分明是爱侣之间的昵称，难不成？管他们什么关系呢，他们是来看病的，我是医生，不应该戴着有色眼镜来看病人。

男人憨憨地跟我说，没有了。一看，这个男人就是那种老实人。

只知道病人不舒服的地方，这太片面了，中医上讲究全面了解病人，要知道病人的饮食、起居等。

在进一步了解情况时，我才知道，原来他们是情侣关系。男的是某个部门的科长，女的在家不上班，天天给男的做饭，她总说："要想抓住男人的心就得抓住他的胃。"男的回家后，为了不惹女的生气，每次都要把那女孩儿做的饭全部吃掉，要不女孩儿就生气，说男的不爱她。

没办法，那个男人就一直这么吃。又加上有时候工作需要，要出门应酬，就没节制地大吃大喝。我看他的啤酒肚确实不小。

他说也吃健胃消食的药，几个月了，吃药就管用，不吃就还那样，没精神、爱瞌睡、犯恶心。

我告诫他，常常这样大鱼大肉，吃个东西总是没有节制，体内会产生湿热，湿热就是脾工作时候出了状况，脾是用来协调全身水的，调不好，水多了，形成了湿，体虚消化不良或暴饮暴食，吃过多油腻、甜食，都会过湿。而热一般都是关系到胃，跟湿扯在一起来说，湿热总是表现为肝部位胀痛，食欲不好，嘴里发苦，或者脸色发黄，有时浑身又冷又热的，总是尿急，尿液发黄，严重的人，可能出现上吐下泻。

这可不是说一服药就可以解决的。我让他先把吃的那些消食健胃类药物停了，不要吃了。改改饮食的习惯，每餐一定要按时吃饭，别贪嘴，要少吃，跟肉食断绝关系，尽量吃素食，吃六七分饱最好。告诉他按着我说的去做，一定会有疗效。

这个患者还挺有毅力，按我说的做了半年。

前段时间他那小女朋友不舒服，他也陪着来了，跟我说，他精神没有再不好，也没有胃胀积食了，最明显的就是，他的啤酒肚下去不少。

吃饭要七分饱，少食多餐。

最早听到这句话是从母亲口中，当时谈到为何生活在苦难岁月的同村王大爷居然轻轻松松活过90大关，她总结道："饭吃七分饱呗。"话尾，半是事实半是感慨地补充道"少吃多滋味啊"！在我看来，这最后追加的一句，可谓真理。

小时候儿子对鱼甚是喜爱，出于对儿子的宠爱，负责每日三餐的妻子一星期五花八门地做鱼。妻子的好意不仅没让孩子喜笑颜开，最后，用小孩儿母亲的话说"闻到鱼味儿就想吐"。细想之，倘若这孩子日后真跟鱼

"恩断义绝"，他的人生岂不少了一大乐趣？

妻子的好意历来在有着五千年传统文化的中国被称为美德。你想要鱼，我一直给你，一直给你，这是我对你的好。这便是物尽其用的"美德"。对于花钱更是如此，花了一分钱，就必须消费出掰开十分钱的效果。于是，自助餐文化开始在大街小巷遍地开花。大家本着"扶墙进，扶墙出"的原则，吃坏了胃也不吃亏。

自助餐厅经常会听到这句话："已经撑破肚皮了，歇会儿再吃，没准儿能再塞进一片肉。"吃到心安理得后，挺着硬邦邦的大肚子在门口要健胃消食片。

这种吃法不仅是对美食的变相浪费，更是对健康的不负责任。

我平时是怎么吃的呢？七分饱，七分饱后东西再好吃，我也会放下手中的筷子，绝对不多吃一口。时间久了，苦行僧似的自控就起了作用，它会成为你的习惯，少食多餐是我60岁就已经在做的。

脾胃为后天之本，吃多了，胃脾一定会受伤，要知道脾管着人哪里，人体的液运化功能啊，吃多了，运化功能没有增加，时间久了，气血就供应不足了，气血虚弱，当然会发困乏力了。胃就更不要说了，吃多了，就相当于给疲劳的马狠狠一鞭子，胃会更加累。中医上怎么解释呢？经常吃多，身体会生湿化痰，再加上胃热，让湿热困在体内，排不出去，直接影响了中焦气机舒畅，也就导致了消化吸收功能闹脾气，身体自然不舒服。

多吃会怎么样呢？

水管堵了，怎么办？没有人说把水管扩大吧，只能通一通，血管也是一样！我们坐在椅子上，懒得去运动，并高喊着，让它顺其自然吧，慢慢地自己就通了，可这是违背自然规律！堵着血管的这些东西叫什么呢？中医管它叫"血瘀、瘀浊"，西医叫"自由基过多"，营养学叫它脂肪代谢的产物太多了。总之是我们脂肪、蛋白质一下子吃得太多了，血管来不及处理这么大的工作量，形成的垃圾也就多了，废物多了，也就渐渐成为湿邪。

人的身体就好像是一部时刻高速运转的机器，机器要工作，就必须要有足够的能量，我们吃的食物，除了维持人体正常活动外，剩下的能量就转化为热量储存在体内。可是我们知道，人体这部机器需要的能量是有一个度的，每天能转化的食物也有个度。也就是说，这多余的热量慢慢地成为了湿热。

吃太多的食物，形成湿邪、湿热，这是饮食养生的大忌。

有人调查了1400位60～64岁的老人，发现每日吃两顿饭者有1/3患心血管疾病，每日吃5顿饭者（总热量相等）只有1/5患病。另有一份报告指出，每日就餐次数在3次或3次以下的人群，肥胖患者占57.2%，胆固醇增高者占51.2%，而每日就餐次数在5次或5次以上的人群中，肥胖病患者仅占28.8%，胆固醇偏高者占17.9%。专家们分析认为，空腹时间较长，造成体内脂肪积聚的可能性就增大。

少吃多餐就是把人体每天所需的能量分成多份，然后分多次摄入，但总体摄入能量不变。越来越多的证据表明，在促进肌肉增长和减少体脂方面，少吃多餐比多吃少餐效果更好。每天吃六餐或者更多餐，身体能更高效地消化食物，这样就能使你摄入更多的蛋白质，以及其他重要的营养物质。

每隔3个小时就进餐一次，可以使你的营养物质供应更平稳，更充足。这样做还能减少体脂储存的风险，促使你养成更健康的饮食习惯，使你能摄入更多的膳食纤维、水果和蔬菜，以及蛋白质和水分。

运动员如果经常不吃饱，体内的脂肪就会囤积起来。这听起来似乎很矛盾，事实是人体具有很强的自我调节能力，如经常不吃饱，身体就会做出这样的反应：囤积脂肪以备饥饿时供给能量。

科学研究表明，每日多餐，食品营养被人体吸收的量要大于每日三餐食品营养被吸收的量。

一组男运动员三周内每日三餐摄入的总热量为4700千卡（注：1千

卡=4.18千焦）。之后他们每天摄入的总热量仍是4700千卡，但分17次摄入。结果，多次进食的食物营养几乎被全部吸收，且运动员在一天的训练中不会产生饥饿感，体内的新陈代谢率提高，皮下脂肪明显减少。健身为什么要少吃多餐？这是一个问题，一日三餐，两餐中间隔得时间太久，虽然同样是4700千卡的食物但是单次摄入的热量就偏多，人体吸收率会降低！短时间用不完的热量就会开始储存！

每餐饮食量少，一方面可减少人体肥胖的发生，尤其是中老年人，随着年龄的增大，脾胃消化吸收、代谢的功能较年轻人明显下降，加之体内所需逐渐减少，所以，饮食的量应随着年龄的增长而减少，故以少食为好。少食还可预防其他一些疾病的发生，限食还具有抗自由基效应，推迟细胞衰老，对人的健康有百利而无一害。

所以少食多餐能够保证人体的供给，不会导致饥饿时身体分解肌肉作为能量，也解决了热量吸收利用不了囤积的危害！

我的健康训练有"素"

2013年门诊室里来了一个12岁的小姑娘，这个小姑娘胖胖的身材，由她妈妈陪着来这里看病。一进门，这个妈妈就跟我说："大夫，她月经有点不调，您给她看看，扎几针调一调吧。"

小丫头才12岁，听着妈妈这么"光天化日之下"说她月经不调，有点害羞，小脸蛋红红的。

遇到这种情况，做医生的要想保护孩子的自尊心，唯一能做的就是保持正常的说话语气，拿出医生的气场来，让病人知道自己的那些小隐私在医生面前都是正常的，见怪不怪的。

接下来，从她妈妈那里我才了解到。原来，这个小姑娘10岁前一直待在乡下，和她外婆一起生活。她外婆是经历过苦日子的人，平时生活很节省，舍不得吃舍不得穿，这孩子跟着外婆总是吃不好，很瘦。她父母在城里打工，虽然心疼孩子，但也没办法，跟孩子的外婆说了好几次，钱上也少不了，她外婆就是改不了那个观念。两口子只能更加努力打工，赶紧在城里买个房子把孩子接到身边来照顾。

终于，在孩子10岁那年，这对父母在城里付了首付，买了属于自己的房子。做妈妈的总觉得自己亏欠孩子太多，所以平时给孩子好吃好喝，天天吃肉。这孩子在农村也没怎么吃过这些东西，见到这些好吃的，总是控制不住，吃肉吃得很多。就这样，小姑娘吃饭无肉不欢，这么吃了两年，也不爱运动，现在变得很胖很胖。

时间久了，脾胃不和了，这身体的内分泌也紊乱了。导致月经不调，两个月都没有来例假。

我告诉她妈妈，饮食上要清淡，荤素结合，再给她开了一些调气血、健脾胃的药，并结合着针灸治疗，她的病很快就好了。

其实，人的嘴永远是个填不满的坑。

你可以随便拽过一个人来，问他脑子里在想什么？多半是关于吃的。早餐吃什么，午餐吃什么，晚餐吃什么，甚至还有宵夜！人们无时无刻不在想着吃，不但要吃饱，还要吃好，吃得有营养！人就是这么没出息，可这是人的本能，不管你的心情多糟糕，周遭世界多么不堪，厨房总是一个有火有光有温暖的地方。

可我小时候却没有像现在这么好的条件，什么吃好、吃得有营养，能吃饱就已经谢天谢地了。小时候家里虽然有地，但是仍旧是缺吃少喝，又加上体力活儿做得非常多，母亲就只好让我到村西边山上挖野菜，刺棘的叶子混到杂面里蒸馍吃，有时刺都能把嘴扎烂了。

你可能要说，你们小时候日子苦，吃不着肉，菜总有吧，你一定是多吃菜！可我告诉你，小时候我几乎也不吃蔬菜水果，吃面食倒是挺多的。从4岁开始就没吃过菜，有点醋、盐调面就很不错了。而且那时候粮食少，总是吃不饱。后来又经历了3年蝗灾，真的是饿死了好多人。那时候还专门出现过一个名词：尸挖沟。就是因为饿死的人太多了，埋都埋不过来，人死了就干脆扔到沟里，时间久了，沟里全是冒着臭气的尸体。

那种情景是现在的人想象不到的。你想，那时候我家还算好过一点儿的，还四五斤粮食供七八个人一个星期吃呢，无油无菜的。后来生活改善了，我还只是吃小米、小豆等，也没有特别吃蔬菜、鸡蛋，只要能填饱肚子就行。

有人就要问了："郭老那您吃肉吗？"当然，我也吃，但没有的话，也没有特别想吃。可能在能吃饱肚子就占优势的时代，我已经养成了吃简单食物的习惯。旧社会，肉很少，几片肉过年招待亲戚朋友都不够。后来有了肉票，每家每户买肉都要限量，更不愿意去买了。就这样，养成了不吃肉的习惯。一直到现在我都95岁了，这种少荤多素的饮食习惯所带来的好处还在继续服务着我，至少到现在我没有"三高"，也不爱生病。

事实上，科学研究表明，人类的平均寿命是90岁左右，女性寿命会更长一点儿。而中国人的平均寿命现在仅仅是74岁左右，距离预期的平均线明显还差了16岁。

那是什么偷走了本应属于我们的16年呢？是老年疾病：糖尿病、高血压、心脑血管疾病！"无肉不欢"的人更容易患上三高：高血糖、高血脂、高血压。

过多地食用动物油、肥肉和一些富含胆固醇的食物，如猪肉、猪肝、皮蛋、蟹黄、奶油等，可引起血脂升高。但并非要绝对禁食上述食物。近年来有人研究证明，正常的胆固醇并不引起动脉粥样硬化，而腐败的胆固醇才是引起动脉硬化的元凶。因此，一些动物油，特别是猪油不宜储存过久，若已变质，颜色灰暗有霉斑或有腐败味，则不要食用。糖分摄入太多，过剩的部分就会转化为脂肪。随着血脂增高，冠状动脉发生血栓的机会也就增多。还有研究发现，糖能使肝脏合成脂类的作用增强。

科学研究发现，早期的人类只吃不会咬人的水果啊、蔬菜等，不吃肉类的。时间长了，他们越来越发现，水果和蔬菜太季节性了，不能饿着肚子等死啊，更何况所需的水果、坚果与蔬菜早已不能满足咕咕叫的肚子了，为了活命，他们鼓起勇气，开始吃死亡动物的肉作为补充。这才发现，跟自己一样会流血、有温度的动物肉能吃，而且以前吃一筐水果蔬菜，在洞外边溜达一圈就饿了，吃了肉后呢，跑一圈都不饿，挺不错的。所以过了冰河时期后，素食品虽然充足了，不过尝到甜头的人类，这吃肉的习惯却延续了下来。

你看我们现在吃肉吃到什么地步了！就说烤鸭吧，人们等不及让小鸭子自然长大，于是就开始填鸭，以解决我们迫不及待的消化系统。这样的话，丑小鸭也别想变成天鹅飞走了，很可能会让人在肚子里塞各种"添加剂"，成为和葱就伴的烤鸭卷。据2002年全国营养调查数据显示，我国城市和农村居民每天动物性食物消费量分别为248克和126克，而中国营养学会给出的标准仅为每天50～75克。

其实，中国古代对食肉就颇有争议，《吕氏春秋·重己》中指出，善于养生的人是"不味众珍"的，因为"味众珍由胃充，胃充则大闷，大闷则气不达"。"众珍"主要指游鱼、飞鸟、走兽之类的动物食品，古人认为这类食品吃多了会使脾胃消化功能呆滞，还会影响气血功能的畅达。

现在越来越多的实验证明，吃肉过多对人体非常有害：美国每年至少有100万新增心脏病患者，近60万人因此丢掉性命。美国的心脏病研究委员会的研究报告指出，这些心脏病患者，大多数是由于吃肉太多，吃蔬菜和运动太少。

现在人吃的高蛋白、高热量、精细食物多，但运动量又少，这些能量在人体内消耗不了，对人的各个细胞都是一种负担，到血液里的脂肪也就是一种垃圾。近日，英国《每日邮报》更撰文表示，连关节炎、胆结石、老年痴呆症、骨质疏松这些看似不相干的病，也与吃肉多脱不了干系。当人类变身"肉食动物"，不仅会对身体带来损害，"还会使人体大脑多巴胺分泌旺盛，乙酰胆碱活动异常，造成情绪暴躁、欲望强烈，而且影响智力"。

而《复临健康研究》发现，素食饮食可以延长寿命。素食的男性平均寿命为83.3岁，而非素食的男性平均寿命为73.8岁。素食的女性平均寿命为85.7岁，比非素食的女性高出6.1岁。这项研究的参与者超过96000人。结果进一步表明，纯素饮食是健康的，纯素食者的体重较肉食者平均低13.5千克，与摄食动物产品者相比降低了患糖尿病的风险。

正确的饮食应是荤素兼顾、合理搭配，平衡饮食。动物性食物，多含脂肪、蛋白质、脂溶性维生素以及铁、钙、锌、锰等营养素；植物性食物中，米薯类多含碳水化合物、食物纤维素、水溶性维生素、矿物质等营养素；蔬菜、水果含有多种维生素、食物纤维以及丰富的矿物质等营养素。将荤素搭配食用，就可以从中摄取脂肪、蛋白质、碳水化合物、食物纤维素、维生素、矿物质等营养素。

人体的胆固醇含量直接影响到人的情绪，胆固醇低的人往往容易抑郁、失落和孤独，而胆固醇只能从动物性食品中摄取。所以，"平衡"不是平均，饮食要以素为主，素多荤少，可适量吃一些肉类。

每天至少吃1个新鲜水果、2盘品种多样的蔬菜。必须有1盘蔬菜是时令新鲜的、深绿颜色的。最好生食凉拌芹菜、萝卜、嫩莴笋叶等，避免加热时破坏维生素A、维生素B_1等。每天蔬菜的实际摄入量应保持在400克左右。男性一天1个西红柿，前列腺癌减少45%，熟的西红柿更好，因为番茄红素是脂溶性的。预防癌症最好的办法就是多吃新鲜蔬菜和水果。

膳食中缺维生素A，小孩易感冒发热、扁桃体发炎；中年人易患癌症，动脉硬化；老年人眼发花、视力模糊。富含维生素A最多的是胡萝卜、西瓜、红薯、南瓜、红辣椒。要多吃这些富含维生素A的"黄"食物。黑木耳能降血黏度，可预防脑血栓和心脏病。老年痴呆，就是因为很多小的毛细血管堵塞了，因此，要经常吃黑木耳。

不只女人要"吃醋"

唐太宗李世民打下江山后，整个王朝好比一个大公司，公司刚成功完成一个大的项目，李世民作为这个公司的董事长，为了稳住人心，理应给项目负责人大大的奖励。

可要给作为骨干的房玄龄什么好呢？加官晋爵？可是他已经是一人之下万人之上的宰相；黄金千两？不能拿钱来砸宰相清高的自尊；女人？对，天下乌鸦一般黑，男子都喜欢漂亮女人吧。

于是，李世民赐给房玄龄一个"女神级"的小妾。那小妾倾国倾城、风情万种，房玄龄很欢喜，可一旁的宰相夫人不高兴了："你来了，我还能有地位吗？"宰相夫人出于嫉妒，于是对纳妾这件事横加干涉，誓死不与她人分一个丈夫。房玄龄作为"妻管严"，也不敢拿自己老婆怎么样。

这边李世民也无奈，本来为房玄龄纳妾是件好事儿，可房夫人却这样公然违抗圣旨！为了维护自己皇帝的威严，他不得不来点硬气的，于是就命人把房夫人叫来，让她在喝毒酒和纳小妾之中二选一。没想到房夫人确有几分刚烈，端起那杯毒酒就一饮而尽。"喝起来怎么这么酸呢？可能毒酒就这个味儿吧，毕竟第一次尝，恐怕也是最后一次喝啦！"原来这杯

"毒酒"根本没有毒，只是一杯醋！

健康长寿都会吃发酵物，尤其是醋。这么一说，李世民还"赏赐"了宰相夫人了。

李世民的"酒"变成了"醋"，那么世界上先有酒还是先有醋呢？实际上，世界上先酿完的酒，酒放时间久了，变坏了才有的醋。醋在古书上还称作"苦酒"，古人不知道酒是会变坏的，当他们尝到变酸变苦的酒后，就说，"哎哟，这个酒怎么变苦了？"

其实，我们的口水也是发酵物的一种，发酵物利用微生物和酵素，而我们的口水本身就是可以分解淀粉的酵素。如果现在有个机会可以深入到非洲的原始部落，你会惊讶地发现，有的部落是用口水酿酒。很多欧洲部落的一些小村庄里面，他们酿醋还用骨头、尿……只是生物科技现在很发达了，我们生活在"文明圈"的人就自己萃取一些酵素、益生菌，之后再用菌去发酵。

意大利有种葡萄红醋，我们中国叫作"黑醋"，跟威士忌酒一样，年份越高，它的价值也就越高。所以，欧洲人有品醋的文化，有点像我们品酒一样。而我们醋中的超级明星莫过于"山西老陈醋"了，它是越陈越香，越陈越好喝。

在东方文化里我们只是拿醋当作调味品，不像是欧洲人那样品醋，拿来喝。

可是醋确实是健康的"灵丹妙药"，它的最大功效就是——消除疲劳。如果工作久了，运动久了，肌肉会酸痛。肌肉疲劳后会产生乳酸，乳酸碰到蛋白质就结块了，所以肌肉会阻塞，这样就容易产生酸痛。我们平时也会见到，如果把醋倒入牛奶里，牛奶会凝结。而醋的酸可以溶解掉乳酸，这样，就打通了肌肉的阻碍。

醋自古以来就是一味重要的中药，其保健养生的功用也早已为人们所熟知。

历代医药学家在用醋治病养生方面积累了许多经验。研究发现，人只要每天喝20毫升食醋，胆固醇平均会下降9％，中性脂肪减少11％，血黏稠度也会有所下降；花生含脂肪为40％～50％，是大豆的2倍，比油菜籽还高，蛋白质含量为30％，相当于小麦的2倍多，两者相互结合，对身体有很大帮助。

古今中外就有很多用醋来美容的事例。相传唐代女皇武则天在她的御膳桌上，每餐总要喝一盅醋，武则天年轻时就容貌出众，直到老年时仍然风韵犹存，面泛红润，长年坚持吃醋也是她一生健美的重要原因之一。食醋中所含的氨基酸除了可以促进人体内过多的脂肪转变为体能消耗外，还可使摄入的糖与蛋白质等的代谢顺利进行，因而具有良好的减肥作用。将炒熟的黄豆放入瓶中，按黄豆与食醋1：2的比例倒入食醋浸泡，严密封口后置于阴凉通风干燥处，1周后即可食用。每次15～30粒，每日3次，嚼服。由于醋泡黄豆含有磷脂及多种氨基酸，对减退面部色素沉着有效。

吃醋还可去油腻。饭后稀释一小杯醋，喝下去，可以帮助消化。醋味能刺激鼻子和口腔黏膜的感受器，经神经反馈给消化系统和全身，能增加食欲并帮助消化。

但是醋与醋之间有着本质的区别，不是每种醋都是"醋中贵族"。

醋的种类可以分成三种：

一种属于纯天然酿造，这是由谷类，不管是米、高粱、小麦，或者是水果，都可以去发酵成醋，咱们经常用高粱酿米醋。欧美那边都是用水果，酿葡萄红醋、苹果醋、梨醋。

第二种是工业合成，这种属于快速的合成，经常用到的是冰醋酸，直接用工业醋酸加水加香料，调一调就是醋了。这种醋一般卖得都很便宜。

第三种是酒精发酵，是勾兑而成。这种酒精做成的是没有什么营养的，只有酸味儿而已。

要如何识别醋的好坏呢？这和我们行医一样，需要望闻问切。

望——标签。国家有规定，产品标准号是GB18187的为纯天然酿造。当然这必须有QS认证的那个标签，再看是不是有其他的添加物，如果有"苯甲酸钠"，就是调成的，它就是"配制食醋"。这个相对来说，对我们身体比较好。

欧美的醋，微生物发酵，度数代表它的酸度。

山西老陈醋的度数编号是GB19777，酿造食醋，但是要有QS认证。

闻——纯天然酿造的醋，会有淡淡的酸味儿，不呛鼻。而配置的、勾兑的会有点那种化学的刺鼻味道。

问——一分钱一分货，天然酿造的价格会高。

切——摇一摇。纯天然酿造的会有氨基酸泡泡，泡泡越多越好，越密越好。我们的尿液就是泡泡越少越好，多了，反而可能是蛋白尿。化学勾兑、配置的，摇一摇3秒钟后泡泡会消失。当然还要看看它的成分，在添加物中有蜂蜜、糖，它的泡泡也会很多。山西老陈醋如果摇一摇，你会发现它真的是名不虚传，有点像我们常喝的黑啤酒，泡泡很丰富。

除了这些，喝醋也可以检验你身体健康与否。

主要是检查你的肠胃功能。

有些人说，喝醋伤胃，我才不喝呢！这种观念不对，喝醋时我们经常会有热热的感觉，这是促进新陈代谢的表现，而不是"烧心"的现象。我们正常人的胃酸pH值是1~2，醋的pH值是4~5，它的pH值一般是比醋高。而有胃病的人，胃溃疡或是胃炎，对酸就会异常敏感。一口醋下去，胃会有刺痛感，就会哇哇叫！

对三高，尤其是对胆固醇很好，醋里有一些氨基酸的东西，可以提高对我们好的胆固醇，提高高密度的胆固醇，有清血的作用。

如果想减肥，或者正在减肥，建议你可以每天饮用一大勺食醋，并且坚持3个月。这是因为醋中有大量醋酸，人们平时摄入食物时，食物中的糖分会在体内代谢，多余的则转换为脂肪囤积起来。当人能量供给不足时，人体再分解脂肪以供能。而醋酸能够同时作用于"合成"与"燃烧"双方。也就是说，饮用醋的效果在某种程度上能够起到和运动相同的效果。

有研究发现，每天坚持饮用一大勺食醋还能够降低血压。这是因为醋酸代谢的过程中能够生成扩张血管的AMP，且产生和激活促进一氧化氮生成的酶。人体的血管细胞能够分泌一氧化氮，一氧化氮起到扩展血管、保证血管畅通的作用。此外，一氧化氮的增多还能从侧面促进血液循环，保证血管健康并降低血压。

饭后大概半小时或一个小时之后，我们稀释一小杯醋喝，可以帮助消化。但是有一点要注意，醋一定要稀释再喝。陈醋够陈了，不用兑水，可是一般的醋就一定得兑水。醋需要兑1∶10的水喝了才安全。

醋有杀菌作用，醋厂的人二三十年都不感冒，是因为他们经常在醋的环境里。喝醋可以抑制大肠杆菌、沙门氏菌。喝醋要比板蓝根更有效，喝醋要比吃黑木耳洗血管效果更好。

醋还可以用来泡脚，解乏、去死皮。如果用醋来洗头发，也增加头发的营养，使发质乌黑亮丽。

所以，不只是女人要吃醋，每个追求养生长寿的人都应该每天来点醋。

巧吃"温食"，延年益寿

2013年，我在门诊接诊过一个小伙子。这个病人才18岁，非常年轻。就诊的时候，他的脸色发红，还有好多小疙瘩，大便干硬，排出时很费劲，有时大便一次弄得满身都是汗，说看了很多医生，都开了药，吃药就见效，但停药后没过几天病情如故。

听完他的描述，我初步断定，这个小伙子应该是内热。内热也叫内火，中医上又称为"火热内生"。顾名思义，内火（热）是和内寒相反的一类由于人体新陈代谢过于旺盛、产热过多所导致的疾病。产热过多，对人体而言有绝对过多和相对过多两种情况。绝对过多是指人体新陈代谢过于旺盛，导致产热量超过正常的散热能力所导致的疾病；而相对过多，则是指人体散热能力下降而导致产热相对过剩所导致的疾病。

内热有实热虚热之分。实热的症状有面红耳赤、心悸心烦、口渴、喜冷饮、大便干结、小便黄赤、多食易饥、脾气暴躁、消瘦等。虚热的症状有低热、手足心发烫、心烦失眠、口干目涩、咽干咽痛、两颊潮红等，测量体温往往无升高或有轻微升高（常在38℃左右，一般不超过39℃），热度往往在午后或夜间明显，劳累后症状会加重。

18岁正是大男孩儿血气方刚的时期，如果饮食不当，很容易发生这种情况。

接着我问他，平时都喜欢吃些什么？他说：平时喜欢吃羊肉，一般一周吃两次；还爱吃辣味重的东西，特别是辣椒，吃辣子是越多越好，越辣越好，越辣越香；也喜欢吃大蒜，还有辣味较浓的方便面；蔬菜、水果不是太爱吃，吃得也就不多；再是喝稀饭、面条喜爱吃热的，越烫越好。

当时，他妈妈也一直陪在身边，就顺便给我拿来别的医生给他开的处方。我看了一下，对他说："我治你的病，不用药治，你先改变你的饮食习惯。一是想方设法少吃、不吃辛辣的东西，包括辣椒、大蒜、洋葱、羊肉、狗肉等热性、刺激性的食物，二是尽可能不吃热烫的饮食，吃时把饭汤放凉一些、放温了再吃。只要你有毅力，能战胜自己，坚持这样的话，过一段时间你的病就会有一定的好转，也可能就自然地好了。"

这样的话，吃出来的病再吃回去。像这个孩子，他生病的根本原因是因为他经常吃大量的热食物，再加上他们这个年纪，跑跑跳跳，热在体内排散不出来，还要一直给身体"加热"，久而久之，体内有了热毒。就好比我们使用空调等电器，用得时间长了，我们还要关一关，让它们散一下热，别烧坏了某些配件。身体也是一样，一定要阴阳平衡，不能过热，也不能过冷。

站在小伙子一旁的母亲听了我这一番话，很是不解，当即就说："郭大夫，你这样看病也太简单了吧，我孩子得了几年的病，脸都成这个样子了，吃了很多的药都没有解决问题，你说吃饭就能治好他的病我不信，我恳求你为我儿子好好看看，给他开些药吧，我可就这一个儿子！"

我记得我第一次提出适宜饮食治病，大家都有怀疑，我也知道大家肯定在想，饭菜是人生存必须的条件，不过就是饭菜吗，怎么还能治病？

我对他妈妈笑了笑，说道："脸上长的这些东西是因为体内有热，这些热是因为他喜欢吃辛辣食品和偏热的饮食引起的，所以必须从调节饮食开始，别小看饮食调节的作用，在治疗中用药调节是一方面，单用饮食调节有时也很起作用，有时它的作用不亚于药物的治疗效果啊。别的医生用药治疗有效，但不改变你的饮食习惯是根本治不好的。"

他妈妈听后觉得有点道理，再没有说别的话，后来就说"那就试试看"。

孩子照我说的做了一个月后，果然有效了，脸上的疙瘩少多了，大便也较以前通畅了一些。坚持半年后面部的青春美丽痘全部消失了，大便一日一次，排出顺畅。

病就像是十字路口，你生了这个病，往往不是简单的一个原因，病因可能是十字路口的任何一个方向造成的，我们医生只能根据症状，来判断最根本的病因。都说，心病还须心药医，要一下子抓到心药是什么。

这个病人是经常性吃热食造成内热，过热的食物，像很多人爱喝一口烫嘴的茶水，不管是嘴巴感觉到烫，或是食物就是属性热，这些都会对食道、胃产生很大的刺激。还有一个就是加快了新陈代谢，就像本来点一根蜡烛，现在把这跟蜡烛切成三段都点上，蜡烛燃烧加快了，很快就燃烧殆尽了。身体有自己最舒服的代谢速度，这样快速代谢很容易出问题。塑料袋总是烤着、热着，还会化呢，更何况有生物活性的食道和胃，久而久之，食道、胃就会罢工而生病。

像是我，平时习惯吃温而偏凉的食物，每次吃饭或喝水，家里人总是会在饭桌上给我凉一凉，然后再叫我过去吃饭、喝水。

如果喜吃烫烧的食物或饮很热的开水或很烫的茶水，就会损伤口腔、食道甚至胃表面的黏膜，长此以往，食道、胃长期受到热烫的刺激，其黏膜以及黏膜下的组织就会发生异常变化，有的会发生食道癌、胃癌。据研究报道，常吃热食的人，其食道癌的发生率比正常饮食的人高得多。

台湾癌症临床研究发展基金会的一项报告指出，吃得过冷过热都会有损肠道和身体功能，平时多吃和体温相近的食物，可以延缓肠胃老化，助人延年益寿。

从冒着热气的面条，到馅料热乎的包子、饺子，以及滚烫的火锅，中国人的饮食一直离不开"热"这个字。中国烹饪协会副秘书长边疆表示，这是因为，亚洲人体质相对较弱，吃热食可以为身体提供更多的能量，帮助人们御寒保持体温。

相比之下，欧美等地的人体格更壮，平时吃的食物本身热量更高，因此对食物温度没有特别的要求，所以他们的饮食结构中冷食较多。边疆说："当然，中国人爱吃热还有一个原因是，许多食物的美味需要温度来激发，而中国人的味觉和嗅觉早已适应了这种被温度激发出的香味，所以热食成为国人千百年来不变的饮食习惯。"

尽管如此，现在却有越来越多的研究显示，饮食过热和食道癌等多种消化道疾病息息相关。这是因为人的食道壁是由黏膜组成的，非常娇嫩，只能耐受五六十摄氏度的食物，超过这个温度，食道的黏膜就会被烫伤。过烫的食物温度在七八十摄氏度左右，像刚沏好的茶水，温度可达八九十摄氏度，很容易烫伤食道壁。如果经常吃烫的食物，黏膜损伤尚未修复又受到烫伤，可形成浅表溃疡。反复地烫伤、修复，就会引起黏膜质的变化，进一步发展就变成肿瘤。

中医讲，"胃为水谷之海"，胃是后天之本、气血来源之处。只有冷热适宜，功能才会正常，化生的气血才会旺盛，阴阳才能平衡和协调，所以说适宜饮食具有治病、养胃、护胃的效果。

有内热时，建议吃一些苦味的食物，比如苦瓜、莲子心，或者吃点梨。按中医分析，燥热、盗汗、口热干燥不欲饮、心烦、失眠、耳鸣、头晕为虚火；牙龈疼痛、喉痛、口腔内生疮、口渴欲饮、内热、大便干结症状为实火。虚火，宜用养阴清热的药；实火宜用清热泻火的药。我一般都是喝绿茶，既可排毒养颜又可润肺滋阴，能轻松应对实、虚火，同时还能调节阴阳，增强人体抵抗力。

"盐"多必湿

两年前，有个东北二十五六岁的女孩儿，因为头发掉得厉害来找我看病，一见我，就说："郭大夫，我掉头发掉得老厉害了。每天睡觉我都梦见自己变成了秃子。"

我问她每天掉多少根，如果一天掉100根那是没大碍的，属于正常的新陈代谢。

"我天天盯着我掉的那堆儿头发，认真地数了数，43根！您说正常，可每天早上看见那一大团，我太害怕了。"说着说着，就晃了晃她的头，亮一下她稀疏的头发。"您看，我头发都掉成啥样儿了。"

我瞧了一眼，掉发确实挺严重的。还没来得及等我说话，这姑娘又开始诉苦："大前天我去剪头发，理发师问我想剪什么样子的，我说剪短点吧，真没想到，这理发师太实在了，咔嚓一剪子，就把我长长的头发终结啦，现在您看只能到肩膀了。剪完头发没三天，我妈说要从沈阳来看我，这下完蛋了，我妈不喜欢我剪短头发，而且我更怕她以为我一个人在外地不能照顾自己，回头把我抓回沈阳去。出门接我妈前，我把三天掉的头发扫在一块，堆到门口，还戴了一顶帽子。我妈一眼就看出来了，剪了头发，头发还那么少，这不就让我请假来医院瞧一下嘛。"

我跟她说这是肾虚，肾不好导致的脱发。见她面色发黑，还有点严重的雀斑，我问她，"你平时吃盐是不是挺多的？"吃盐过多，会肾虚，这直接表现为长雀斑、掉头发，实际上，这都是人体有湿热的缘故。

脱发跟吃太多盐也有很大的关系。盐吃太多不仅会造成营养代谢性脱发，还会让头发变得枯黄。中医认为，肾脏之华在发，肾气盛头发乌黑有光泽，肾气虚则头发干涩而枯黄。

西医认为过食咸盐会造成排钠障碍，从而使血压升高、蛋白代谢紊乱，影响头发中蛋白的形成，使头发枯黄，甚至脱发，故要求把每天的食盐摄取量控制在6克以下。吃盐过多了还可以导致脸颊长出雀斑。

她说是，从小她就习惯吃盐重的菜。

原因找到了，她的摄盐量一定是超标了。我跟她解释了一下吃盐多的坏处，然后她就问我："大夫，那这么多年我都过来了，以前也没有掉头发像我这两三年这么厉害呀？"

"你吃盐的量达到一定程度了，以前身体可以勉强处理多余的盐，现在身体处理能力达到顶峰了，就开始出现一些信号（比如掉头发）来提醒你，你这个功能有问题了。这就跟一个机器似的，你天天用，天天用，时间久了，它就不好使了。"

盐是我们日常生活中的主要调味品，也是我们生活中多种疾病的罪魁祸首，很多人都知道它和高血压、高血钾等疾病有很大的关系，但其实我们只在意了这听起来有些可怕的病，生活中有很多小的细节与高盐饮食有很大的关系。

平常我吃饭就吃得清淡，在营养学、各种媒体、养生节目说少盐饮食时，我就已经这样做了，没想到，自己的这套饮食方法还真稀里糊涂走对路了。

睡眠猝死症近年在东南亚国家，如泰国及菲律宾肆虐，过去16年共夺去超过5000人的性命。有专家怀疑，这种病可能和饮食习惯偏咸有关。

这个症状从1981～1997年，夺去超过5000名泰国人的性命，促使泰国卫生部展开研究，寻找此病的真正成因。菲律宾卫生部长说，20世纪50年代的调查发现，超过五成死于此病的人都有急性胰腺炎，而胰腺炎的起因，可能是因菲律宾菜偏咸所致。不过他说，专家未能确立其因果关系。泰国一项同类调查亦发现，出现睡眠猝死症的原因，可能和食用鱼露有关，但国际卫生组织无法确定。

《黄帝内经》曰："咸入肾，咸走血，血病无多食咸。"咸养肾，过咸伤肾。那么，每天每人盐的食用量多少最合适？世界卫生组织建议每天6克。这里的6克不仅指食盐，还包括味精、酱油等含盐调料和食品中的盐量。俗语所说"一咸三分味""好吃离不开盐"。实际上，中国人的盐用量从南方到北方，平均每天15～25克，严重超标。这天天用盐腌着的肾，不是越来越亏吗？因此，人们平时要注意各种味道的搭配，做到五味调和，方能保持阴阳平衡，通经活络。

英国和日本科学家对数万名男女的饮食习惯和身体情况进行了研究，发现爱吃过咸食物的人患胃癌的危险是普通人的两倍。

在此之前，科学家们已经不断向人们提出警告，食用过多盐分将导致患心脏病的风险增加。高盐食品还容易导致萎缩性胃炎，这是胃癌的前一阶段。

那姑娘听完我的解释后，决定回去把盐减量。

一年以后，也就是去年，她带了些家乡的特产来看我，说她听了我的话，回去炒菜吃饭盐放得特别少，头发现在也不掉了，皮肤慢慢变得有光泽了。

太多的盐对身体伤害是比较大的，所以尽量少吃盐，每天控制在6克的量，别让雀斑爱上"咸人"。

就地取材，按季进食

2005年，我去欧洲旅游，到了意大利，当时的导游领我们去意大利一个小镇餐厅，那里的餐厅据说很火，做的菜也很好吃，最有特色的是那家餐厅的主厨是个很有个性的人。说他有个性，主要是因为他每天只做一种菜，一年菜式不带重样的，而且菜都是当地人亲手种植的当季菜。

那家餐厅外面并不起眼，不但没有火爆餐厅该有的排场，看上去还有点土气。可当我们进去后，里面的装修真的是让我们惊奇。富丽堂皇的装修，再加上温馨的气氛，让每个在那里用餐的人都觉得自己也融入了那优雅的情调。

让我们意外的是，餐厅的老板居然是我们的同胞，一位华侨。老板很热情，还请出了为我们做菜的主厨——阿莫尔厨师。餐厅老板主动揽过翻译的活儿，让我们可以各操母语零障碍交流了一番。在交谈中，我才知道，这位主厨原来很懂得养生之道，他称赞中国神奇的中医奇文化，认为中国中医主张的就地取材、按季进食是非常有道理的。当时我都震惊了，一个土生土长的意大利人，居然也懂得运用我们的养生之道！实在是感激又骄傲！

其实，应季食物顺应自然，恰好是对我们人体最好的。

坐飞机到新的经纬度，人会怎样？会有时差效应，因为体内的生物钟被打乱了，为了适应新的环境，让自己舒服些，他就得顺从当地时间。可实际上，他身体的分泌系统已经乱了。

食物也是同样的道理。不得不说，自从我们学会利用科学后，春夏秋冬大棚里的食物都可以被生产出来，食物作为食物，命运反而变得悲惨起来。为什么这样说？你难道没有发现吗，人类再也不肯把多余的耐心分给食物，好让它们可以顺应自然、遵循自己的生命轨迹去慢慢长大。也就是说，食物的生物钟已经被人为打乱了。

反季食物，与健康背道而驰。什么季节吃什么？这是一个非常值得关注和讨论的事情。

日常生活，我常常吃的是这几样食物：马齿苋（中医入药）加面疙瘩、怀化、苜蓿、土豆、莴笋、芹菜、油麦菜、阴沉（蒿子干）。菜疙瘩，以菜为主。这也是山西的特色，这么多年我一直在吃。

如何能吃得健康美味？选天然、当季、当地五颜六色的蔬果与食材，尽量自己料理，加上适度调味就对了。

当季食物营养成分较丰富。非当季蔬果多半营养价值略逊或经过较长时间的保存。非当地的食材则多半经长途运输，有高碳足迹，较不环保。

天然的食物颜色代表不同的营养成分，人体不只需要一种蔬果或食材。营养师则提到，不必因为某些食物听起来养生就拼命吃，而是要扩大种类，例如蔬果最好是五颜六色，而非只吃绿色蔬菜，或某种水果。每一种食物不必吃太多，如此即使是选择一般农产品或食材，也能降低因潜在可能污染所致的问题，同时均衡营养素。

与其过度纠结食材优劣的细节，不如尽量把食用的种类扩大，不偏食，不大量食用单一食品，可以分散风险。

大家都羡慕我现在身体好。

现在有许多家庭，冬天基本上是以吃反季节蔬菜为主，偶尔才吃点萝卜、土豆等应季蔬菜，其实这种做法不利于健康。

现在，由于反季节栽培技术的发展，冬天吃原来是夏天出产的黄瓜、西红柿等反季节蔬菜越来越多。但由于反季节蔬菜是违反蔬菜自然生长规律条件下栽培出来的，在营养成分构成方面与时令蔬菜相比，发生了某些变化，如果不了解反季节蔬菜的营养成分变化，采取相应的补充措施，就可能对身体产生不利影响。

享受食物的原来味道与适度调味很重要，但不需要刻意吃淡而无味的食物。话虽如此，还是要留意钠及调味料含量。加工食材常隐藏着看不见的调味料。食物蘸酱普遍额外增加热量及盐分，也是造成体重增加的原因之一。

（更多季节饮食，请见附录）

秋冬萝卜 "小人参"

2003年是特别的一年，那个夏天，大街小巷都是84消毒水的味道，就连学校、家里都逃不开那股味儿。"非典"弄得人心惶惶的，每个人在呼吸的时候生怕旁边的人吐出来的是含有非典病毒的空气。

有天我去菜市场帮老伴儿买白萝卜。到了菜市场，我看到卖萝卜的摊上围的人特别多。好不容易挤到摊主前面，我刚挑了两个萝卜要结账，摊主告诉我这两个萝卜30块钱。天哪，两个萝卜30块钱，这是要抢劫吗？

那段时间，非典的肆虐主要是攻击人的肺部，电视上说白萝卜对肺好，尤其是在这个特殊时期，要多吃白萝卜。中医上也讲过了，养肺要吃什么？白色食物。白萝卜有清肺作用，可以杀死一些有害细菌。

人们为了求安心，都跑去大量购买白萝卜吃，以至于小商贩们趁机暴涨价格。当时，我想既然改变不了这种不合理现象，也不能助长这种气焰，并不是说我买不起这两个萝卜。我放下刚刚挑好的萝卜，挤出了人群，默默地走向了别的菜摊。

萝卜是几千年来国民最主要的蔬菜之一。

古书《尔雅》中的"莱菔"就是萝卜的别称。李时珍评价是"乃蔬中之最有利益者"，这一评价也说明了萝卜的营养价值。古人说的萝卜是除了胡萝卜以外的其他各品种，像白萝卜、青萝卜、心里美等。因为胡萝卜是个"外国人"，胡萝卜最早种植于阿富汗地区，后来从伊朗引进过来。荷兰人把胡萝卜作为他们国家的"国菜"。

其实萝卜是个宝，一年四季少不了。夏天吃萝卜特别有好处。夏天里人们容易出现全身乏力、食欲不振、出汗、昏昏欲睡等症状，萝卜偏寒，我们就可以用萝卜缨做凉拌菜，有很好的消暑解渴、补钙的作用。除了用萝卜缨直接凉拌做菜外，还可以用萝卜做饺子馅。萝卜同肉一起食用的话，不但可以增强补钙功效，还能让肉类变得更美味易消化。

其实吃萝卜也是有讲究的，要分段食用，"萝卜头辣，腚燥，腰正好"。萝卜的每一部分都可以有不同吃法，从萝卜顶部往下1/3处的维生素c含量较多，质地偏硬，适合切丝，快速烹调。中部甜度大，质地脆嫩，可做沙拉或者凉拌。尾部淀粉酶和芥子油多，所以偏辣，有利于消化，增进食欲。萝卜有很好的降糖、降脂作用，糖尿病患者可以用它替代水果。

关于萝卜，"冬吃萝卜夏吃姜，不劳医生开药方"，"吃着萝卜喝着茶，气得大夫满街爬"，蔬菜街的小人物"萝卜"一下子成为了人人歌颂的"大英雄"，萝卜身上披着的这层"神奇外衣"，的确很值得我们品味一番。

中医上讲，冬天的时候，人体阳气慢慢开始外散，到夏天的时候，所有的阳气慢慢外散到末梢，人爱出汗，阳气就搭上汗液的顺风车大摇大摆地出了人体。

当阳气到了末梢，阴阳像对双生子似的形影不离，人体的内部就形成了一个寒的格局，就是我们的五脏六腑里面是寒虚的，呈现阴的格局。所以在夏天的时候要吃点热的食物，比如要吃姜这样的东西。所以夏天吃冷饮是一个绝对的错误。

人为什么喝凉水？

实际上是胃里有胃寒，热就会出来攻这个寒，所以就会形成一种燥热，而这个时候越喝凉水人越渴，反而喝一点温水更好。要知道，我们的人体通过几千年优胜劣汰的进化，已经聪明到使自己成为一个"恒温箱"了，也就是人体的内部是恒温的，它是不会变的，这个时候你喝一些温水的话把体内的温度平衡掉。

同样，冬天人的五脏六腑呈现热的格局，需要的是"降降温"的食物，但可不是让你去喝凉水的意思，是要去吃一些凉性的蔬果，比如有"小人参"之称的萝卜。

"秋后的萝卜赛人参"，萝卜所含营养素相当丰富，可利五脏。秋天吃萝卜有祛除盛夏之火、排除人体中的有毒杂气、平肝去郁、清凉明目等功效。萝卜一年四季皆有，白萝卜、红萝卜、青萝卜、水萝卜各有所长，就保健功能而言，萝卜最主要是防癌、抗癌。

萝卜还有"理颜色……轻身，令人白净肌细"等好处，经常食用，可胜过保养品，特别是在秋燥冬干的时候，萝卜可是养生养颜的好帮手。

萝卜中丰富的纤维素可促进肠蠕动，减少粪便在肠道内的停留时间，及时把肠道中的有毒物质排出体外，有利降低结肠癌的发病率。

萝卜中的木质素可使巨噬细胞的活力提高2~3倍，提高机体的抗病能力。

民间还常用其治疗各种疾病，例如取萝卜汁100毫升（用鲜萝卜制成），调匀，以温开水送服，每日2~3次，可以治疗扁桃体炎等。

值得一提的是，人们在吃萝卜时习惯把萝卜皮削掉，殊不知萝卜中所含的钙有98%在萝卜皮内，所以，萝卜最好带皮吃。当然，萝卜虽好，但吃时也要有些注意。由于萝卜味辛甘，性寒，所以脾胃虚寒进食不化，或体质虚弱者宜少食；萝卜破气，服人参、生熟地、何首乌等补药后不要食用，否则会影响药效。此外，由于食用生萝卜产气较多，对溃疡病也不利，所以有此类疾病的患者要少吃萝卜。

我们来看看不同萝卜各有哪些养生功效。

白萝卜防癌效果佳。由于白萝卜味甘性凉，有消腻、去脂、化痰、止咳等功效。它还含有胆碱物质，能降低血脂、血压，非常利于减肥。白萝卜含有大量的维生素C，具有良好的抑制癌细胞生长的作用；粗纤维可刺激肠胃蠕动，保持大便畅通，可预防结肠癌；数量不菲的木质素，不但能提高人体吞噬癌细胞的活力，而且能分解致癌物亚硝胺与多环芳烃的特殊化合物。此外，萝卜所含的双链核糖核酸能诱导人体产生干扰素，增强人体免疫力。另外，其还含有丰富的钙、铁、胆碱及甲硫醇等物质，具有降低血脂、稳定血压、软化血管及防止冠心病的作用。

胡萝卜是"小人参"。胡萝卜对人体有多方面的保健功能，被誉为"小人参"。《本草纲目》记载，胡萝卜能"下气补中，和胸膈肠胃，安五脏，令人健食，有益无损"。

胡萝卜是厨房中料理不可少的配色食材。营养学认为，胡萝卜中含有丰富的胡萝卜素，及维生素B$_1$、维生素B$_2$、维生素C、维生素D、维生素E、维生素K、叶酸、钙质及膳食纤维等，几乎可以与多种维生素药丸媲美。β-胡萝卜素能够转化为视黄醇，对视力有助益，还能增强人体免疫力，具有抗癌的作用，并可减轻癌症病人的化疗反应，对多种脏器有保护作用。

胡萝卜还可以刺激皮肤的新陈代谢，对美容健肤有独到之功效。胡萝卜素可清除自由基，延缓人体衰老，维持上皮组织的健康。干燥的秋季吃点胡萝卜有很好的润肤效果。

青萝卜有清热舒肝之效。青萝卜富含维生素C和膳食纤维，清热舒肝的效果极佳。它还能健脾，防治痰多、口干舌燥。

水萝卜有利尿消食之效。水萝卜在夏天较多见，有滋阴降火、消肿解毒功效，其利尿消食的功效显著。青萝卜和水萝卜较适合凉拌，清脆爽口。

生吃萝卜能促消化，调整胃肠功能，有很强的消炎作用，还可预防流行性感冒、上呼吸道感染、脑膜炎及白喉等病。不过，萝卜属辛辣之物，不宜在空腹时生吃，以免引起恶心、胃脘痛等症状。

科学家研究发现，生吃萝卜不仅能提高人体免疫力，并且还具有良好的防癌、抗病作用。生吃萝卜的好处主要表现在：

（1）生萝卜中含有丰富的维生素C，其含量比梨高8～10倍，而维生素C是防癌、抗癌的能手。

（2）生萝卜中含有一种抗肿瘤活性物质，这种物质对食道癌、胃癌、鼻咽癌、子宫颈癌等均有显著的抑制作用。

但是值得注意的是，生吃萝卜后半小时均不宜吃其他食物，以免抗癌活性物质被稀释或破坏。萝卜不宜与橘子、梨、苹果、葡萄等富含植物色素的水果同食。若同时吃橘子等水果，可能会诱发和导致甲状腺肿。

萝卜还有一个神奇的作用，可以戒烟。清晨空腹服用萝卜汁，连喝3～5天，此期间坚持不吸烟，之后再吸烟就会感到恶心。也可以加一些冰糖。我们还可以搭配一些其他的美味食材，既能提升营养，又能提升口感。

白菜——特效安胃剂

"大夫，您没有搞错吧？说了半天，您给我开的药方就是让我吃白菜呀？"

眼前这个病人看着我，露出不可思议的表情。

这个看起来瘦瘦的患者，姓魏，今年55岁了，便秘可是她10余年的毛病了，听她说，她生下第二胎后就开始便秘，两三天才排一次大便，每次上厕所不蹲个半小时都出不来。后来她一上厕所就带着一份报纸，她知道，一定又是半个小时那么久，但这样也没有影响生活，所以一开始也就没在意。

我问她便质怎么样，她回答："特别干，总是拉那种球形的，像是羊粪蛋儿似的。"

"吃过药吗？"

"吃，经常吃。自己买过，儿子也给买过，中药、西药都吃过，吃的时候有效果，我看这么有效，以为这药已经把便秘治好了，就停了，停几天，又开始不行了，又被打回原形了。"

听她描述，她是产后出血过多，阴津耗伤，肠中阴液不足，失于濡润，粪便在肠中停留时间延长所致。

"医生，阴津耗伤，肠中阴液不足"是什么意思呢？

血液要是论属性，它属阴。血液，都知道，它可是最重要的。人体由细胞组成，细胞要活着，这就需要氧气和营养，而提供这些的只能是血液。尤其是对心脏和大脑的血液供应，这更是重中之重。出血过多，体内津液被大量损耗，就像一个鱼塘里的水被抽走了，缺少了水，鱼塘里的营养和氧气就少了，鱼就容易死掉。

这个女患者就是，生病源头在于血液损失，一直没有恢复过来，所以肠道这些地方，就出现了阴液的损伤，肠胃功能也就失调了。

她病得还不算严重，就是肠道调节功能失调引起的。我说可以给她开点药，但是有一点，一定要坚持吃才有效。她跟我说，不想再吃药了，自己没有毅力，一定坚持不了。

我告诉她，也可以换一种方式，饮食调节，药食本同源。我告诉她吃什么，怎么吃，什么时间吃。

"你回家每天做一道菜，以白菜为主，加红、白萝卜，用白水煮来吃，一顿的量就行，少放醋和盐，每天晚上吃，一天吃1次，但是你要按我说的每天都吃，坚持下去你这10年的老便秘就会好。"

她睁大眼睛说："大夫，您没有搞错吧？说了半天，您给我开的药方就是让我吃白菜呀？"

"对，听我的，吃一段时间，没有效果你再来找我。"

这个病人回家后按照我说的坚持了2个月，2个月后，她又来找我，一进门就兴奋地跟我说："大夫，听你的真没错，一开始我还胡乱琢磨呢，10年的便秘光吃白菜就能好吗？没想到，我吃了2个月，现在每天大便一次，大便也没有以前那么干了，软软的，排便也不费力气了，也没那么长时间了。还真是好了！"

实际上，这个患者的病，虽然有10年那么久，其实，她的情况不算严重。吃点药就可以痊愈，可她总是不能坚持，吃吃停停，这怎么会好呢！我就给她推荐药食同源这个方法，白菜在治疗肠胃疾病方面可是一味效果极好的中药。

我在给别人治疗肠胃病时，尤其是病人肠道不通，大便秘结，排便不顺畅，我经常会在他们的药方里加这么一味药——白菜，让他们回家煮白菜汤，辅助药物来吃。病情轻的，我就只让他们像那位魏大妈一样，只吃白菜或加红、白萝卜煮来吃，效果都挺好的，有时候还可以配合揉腹，效果会更好。

记得小时候我挺爱乱跑的，村里家家户户都串遍了，冬天，一推开别人家大门就会看到，院里堆好几层白菜。白菜可是健胃补脾的佳品。

在老百姓眼里，它只是蔬菜，可它的药用价值也是很丰富的。中医上认为，白菜性味甘平，有清热除烦、解渴利尿、通利肠胃的功效，经常吃白菜可防止维生素C缺乏症（坏血病）。

白菜洗净切碎煎浓汤，每晚睡前洗冻疮患处，连洗数日即可见效。白菜籽则可解酒，对于酒醉不醒者，可用白菜籽研末调"井华水"（即从水井中刚打上来的井水），服之有效。对于气虚胃冷的人，则不宜多吃白菜，以免恶心吐沫。若吃多了，可用生姜解之。白菜能降低女性乳腺癌的发生率。

白菜中有一些微量元素，钾、钠、钙、镁、铁、锰、锌、铜、磷、硒、钼、胡萝卜素、尼克酸、维生素B$_1$、维生素B$_2$、维生素C以及少量的脂肪。它们能帮助分解同乳腺癌相联系的雌激素。

白菜中的纤维素不但能起到润肠、促进排毒的作用，还能促进人体对动物蛋白质的吸收。冬季吃白菜能养颜护肤。

白菜营养丰富，除含糖类、脂肪、蛋白质、粗纤维等外，尚含丰富的维生素，其维生素C、核黄素的含量比苹果、梨分别高5倍、4倍；微量元素锌高于肉类。其中维生素C可增加机体对感染的抵抗力，用于坏血病、牙龈出血、各种急慢性传染病的防治。白菜中含有的纤维素，可增强肠胃的蠕动，减少粪便在体内的存留时间，帮助消化和排泄，从而减轻肝、肾的负担，防止多种胃病的发生。

白菜中所含的果胶，可以帮助人体排出多余的胆固醇。更主要的是，白菜中还含有微量的钼，可抑制人体内亚硝酸胺的生成、吸收，起到一定的防癌作用。此外，白菜本身所含热量极少，不至于引起热量储存。白菜中含钠也很少，不会使机体保存多余水分，可以减轻心脏负担。中老年人和肥胖者，多吃白菜还可以减肥。中医认为其性微寒无毒、养胃生津、除烦解渴、利尿通便、清热解毒，为清凉降泄兼补益良品。可用于治疗感冒、发热口渴、支气管炎、咳嗽、食积、便秘、小便不利、冻疮等。总之，白菜是补充营养、净化血液、疏通肠胃、预防疾病、促进新陈代谢、有利于人体健康的佳蔬良药。各类人群均适合食用，每次100克。

民间素有"鱼生火，肉生痰，白菜豆腐保平安"之说。

大白菜含水量丰富，高达95％。冬天天气干燥，多吃白菜，可以起到很好的滋阴润燥、护肤养颜的作用。大白菜所含维生素丰富，常吃大白菜可以起到抗氧化、抗衰老作用。

各类人群普遍适合食用大白菜，尤其适合于偏胖、内热偏盛、脾胃不和、咳嗽有痰的人。但大白菜性偏寒凉，胃寒腹痛的人不能多吃。需要注意的是，腐烂的白菜含有亚硝酸盐，不能食用；大白菜在沸水中焯烫的时间不可过长，最佳的时间为20～30秒。

去韩国餐馆，菜单上都会有一道菜——辣白菜。这道菜还上了非遗的名单，辣白菜是一种发酵食品，是朝鲜族世代相传的佐餐食品，在吉林省朝鲜族的家庭之中不论粗茶淡饭，还是美酒佳肴，都离不开辣白菜这个佐餐。这道菜有朝鲜辣酱的独特味道，也有白菜本身的清脆，吃起来很爽口。辣白菜用鱼酱、辣椒、蒜等佐料配制而成，它不但味美、爽口，而且具有丰富的营养，对促进肠道的消化吸收有非常好的效果。

　　常吃白菜对人体的肠胃有较好的保护功能，具有补益脾胃、通导肠腹和一定的防癌作用。

　　另外，养生如果可以"里外夹攻"就更好了，"里"是饮食，"外"可以配合着一些特别穴位，揉一揉，按一按，加强养生的功效。

第三章
CHAPTER THREE
一拍三揉养生操

　　其实，对身体的保养很简单，并不需要刻意去吃保养品。郭老90多岁依旧容光焕发，他只是每天多给自己些时间，坚持下去，一样可以使自己的皮肤变得更加光滑，黑发保有更长的时间。眉毛少，也不要用画眉去掩盖自己身体上的不良现象。对自己多一分关怀，给眼睛一些休息时间，帮助鼻子来保养肺。保护好牙齿，也就保住了我们的营养来源，注意腰和膝盖，这样，虽然岁数上去了，但我们的身体依旧年轻。

容颜逆天的防腐秘诀

2014年，我受邀参加一档老中医的访谈节目。节目开始录制前，我和徒弟捡了个不碍事的地方——幕布旁边站一会儿，想看看那些年轻的导演们是怎么操作起来一个大节目来的，当时现场的灯光没有打那么亮，从远处看，我站的那个地方挺黑的，好像根本就看不到人。

就在我看这群年轻人为了一个节目那么辛苦富有活力地付出而发出感慨时，突然现场有个拿话筒的女孩儿说道："谁在幕布那里呢，赶紧走开！不知道反光会穿帮吗？！"口气很冲，而且很着急。我和徒弟就马上走开了。

后来节目结束后，不知道有谁跟那个女孩儿说，刚才她说的那个人就是我，她赶紧趁我还没离开的空当，过来跟我道歉，"不好意思，郭老，刚才工作起来有点着急；不知道刚才是您在那里，真是对不起。"

本来就是我影响了人家正常的工作。我跟她说："没事儿，没事儿，刚才我想看一看你们是怎么工作的，就是好奇，该说对不起的应该是我们，我们影响了你们的工作了。"

误会解除了，女孩就跟我说，她那会儿看着我面色荣润、白里透红的，也没有看清楚，还以为是一个年轻的小伙子或小姑娘呢，没想到是我。

她就问我，皮肤怎么那么好？容光焕发的，而且头发还有很多黑发，一点儿都看不出来是有95岁高龄的老爷爷，倒像是60岁！

我就跟她说这可能是跟我经常搓揉脸部、凉水洗脸有关系。

她听了很兴奋，就向我要这其中的秘诀。我跟她说，秘诀谈不上，其实方法很简单。

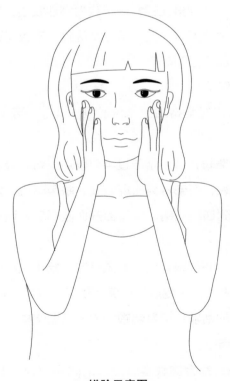

搓脸示意图

首先是搓脸，方法是，先将双手搓热，等自己觉得这两双手"烫"了，就用两个掌心在前额、面颊及下颌由里向外做环形轻揉按摩数十遍，至面部发热为度。

中医认为，"头为诸阳之会"，手足六条阳经均循行头面，而手足六条阴经也直接或间接上汇头面部，即头面是脏腑经络之气汇聚的重要部位。正如《内经·素问·脉要精微论》所说："头者，精明之府"，明朝李时珍《本草纲目》所载："脑为元神之府"，因而养生保健宜先从"头面"部开始。风为阳邪，其性轻扬升散。风邪致病，最易于伤及人之上部——即头面部。所以经常搓揉面部，可疏畅面部经络，通达面部气血，顾护面部正气，即"正气存内，邪不可干"之意。

而冷水洗脸是怎么回事儿呢？中医认为寒性收引，用冷水洗脸可使肌肤腠理紧收，风寒之邪不得入侵。用冷水洗脸，不仅可以通过冷水对面部及双手的刺激，增加机体的耐寒能力，而且对预防伤风感冒、气管炎等呼吸道疾病也有一定作用。

我跟她说，我已经坚持用冷水洗脸几十年了，不管是冬天，还是夏天，每天如此。

人体随着年龄增长，特别是年过半百以后，各条经脉气血渐少，运行渐渐缓慢，肾精渐衰，面部容易出现皱纹、肤色暗沉、发黄、过敏等。坚持凉水洗面，可起到通经活络、促进面部血液循环、调养气血的作用而延缓衰老。

她听完了，很开心地跟我说，回去一定开始也这样做，用手搓脸，用冷水洗脸。等将来老了，也变成一个美丽年轻、人见人爱的老太太！

真是一个活泼的姑娘！接着我跟她说，只要坚持，一定可以实现！然后就和徒弟离开了那里。

实际上，好多人都会问我容颜逆天的防衰秘诀。其实这是个再简单不过的问题，唯一的秘诀就是要坚持。并辅助着一些注意事项来实现。例如：

1. 脸色

脸色过于苍白，显示饮食中缺乏叶酸、铁质及维生素B_{12}。

女性脸色不好主要是由失血性贫血造成的，月经不规律、经量过大是普遍的原因。

2. 前额

前额出现痘斑，是肝脏里含有过多的毒素所致，必须减少食用含糖分过高的食物，更要避免用太多的酒精。意思是说少喝酒，不要吃太甜的食物！

中医以为肝脏排毒可以多吃青色的食物。按中医五行理论，青色的食物可以通晓肝气，起到很好的疏肝、解郁、缓解心情的效果。外用排毒产品进行肌肤深层排毒。

3. 太阳穴

太阳穴附近出现小粉刺，显示你的饮食中包含了过多的加工食品，造成胆囊阻塞，需要赶紧进行肌肤大扫除。

4. 眼睛周围

眼睛周围干涩，或是出现像干燥的裂纹，显示你有必要加强维生素B_2及维生素B_6的摄取，进行眼部肌肤排毒，抑制黑色素的生成，帮助色素排出。

5. 脸颊

油腻性的脸颊容易出现痘痘、痘印、痘坑等常见的肌肤问题，并出现毛孔粗大，这是皮肤缺氧气、缺水分、缺保养的信号。最好的解决方法就是肌肤排毒。

6. 嘴角

嘴角出现细微的皱纹，表示你要多多补充铁质，再进行肌肤表面的排毒。

7. 嘴唇

冬天特别干冷，嘴唇出现干燥、脱皮、剥裂现象的，是身体告诉你缺乏B族维生素，需要加以补充。

正常人的嘴唇红润、干湿适度、润滑有光，如果肌肤有问题，嘴唇会及时给你信号。

8. 下颌

每个月在月经来潮前后下颌长出一颗颗痘子，这区域的皮肤变化与卵巢有直接关系，可以进行身体按摩或是淋巴引流改善。

9. 眼睛下方

眼睛下方与肾脏有直接关系，当出现黑眼圈、眼袋及水肿现象时，表示你喝了太多的咖啡和茶，有必要节制这类饮料，同时多喝开水。再进行眼部肌肤深层排毒，可以促进血液循环畅通，淡化因疲劳而形成的黑眼圈。

早上起来，如果发现自己眼圈发黑、脸色晦暗，表示你需要赶紧进行肌肤排毒了。

10. 鼻子两侧

鼻子两侧出现黑头粉刺、轻微干燥脱皮现象，表示血液循环不良，可以适度地进行按摩，加强这部分皮肤的血液循环，或是进行肌肤毛孔深层排毒，对于改善此部分皮肤的血液循环与油腻有很大的帮助。

鼻尖代表了心脏的情况。鼻尖呈红色或紫色可能是血压偏高，或盐和酒精摄取过多。

11. 脸颊两侧

这部分皮肤出现粉刺，表示饮食必须加以节制，不要暴饮暴食，多食用帮助身体去毒的食物，像苹果就对肠胃自净有很大的功效。

血豆腐能带走身体里的有害金属。动物血中的血浆蛋白经过人体胃酸和消化液中的酶分解后，能产生一种解毒和润滑肠道的物质，可与入侵肠道的有害金属微粒发生化学反应，把它们带出体外。

绿豆可冲走吃进身体的农药。残留在蔬果上的农药进入体内，不容易被体内的消化酶分解，而绿豆却可与这些有害物质发生反应，把它们带出体外。所以，爱生吃蔬果的朋友，最好饭后喝点绿豆粥或绿豆汤。另外，绿豆还能防治食物中毒。

海带可以黏走放射性物质。海带中的胶质成分能促进体内的放射性物质随同尿液排出体外，减少放射性物质在体内积聚。另外，海带中的褐藻酸能减缓放射性元素锶被肠道吸收。因而海带有预防白血病的作用，对进入体内的镉也有排泄作用。因此，经常用电脑、电器、手机的现代人，可以多吃点海带绿豆汤，可得到双倍排毒的效果。

芹菜能过滤体内废物。芹菜中含有的丰富纤维可以像提纯装置一样，过滤体内的废物。经常食用可以刺激身体排毒，对付由于身体毒素累积所造成的疾病，如风湿、关节炎等。因此，平时运动少、肠胃消化不好的都市人，可以常喝点芹菜粥，就是把芹菜切成小段，放在平时常喝的粥里面一起喝，也可在无形中增强排毒的效果。

90岁黑头发逆袭不是梦

　　几年以前，我的头发已经全白了，满头银发很适合中医老专家的身份。中医嘛，跟陈年老酒似的，越老越值钱。有的同事年过40，已经是白发丛生，头发提早进入"退休行列"，让他们去理发店装饰一下自己的"臭皮囊"，可人家偏不，不拔不染，还很兴奋地说："这才称我这老中医的身份呀！"

　　今年我已经是95岁了，照着人类发展的趋势，这个年纪，头发应该是一白到底的，直到头皮变成雪场，覆盖着满头的白雪。可最近这两年我的头发居然奇迹般地由白转灰了，而且还有几根明显的黑发赫然穿插在发丛中。你一定好奇，我的头发是如何逆生长的。

　　我不禁想到我一直的一个习惯性动作——用手梳头！

　　我每天都会不间歇地用手梳头，似乎这已经成了我的家常便饭，也许所有的秘密就在这个看似不经意的小动作里。难道真的是梳头的作用？

　　这让我联想起南宋诗人陆游。我们知道，如果对现在保留下来的诗量进行一个统计，陆游当属最多产的那一个。这就有个问题了，陆游总是这么不停地作诗，"为填新词强说愁"，陆游总是让自己这么愁，愁，愁。

要知道，大脑的气血是给我们的头发灌溉营养的，就像是汽车里的油，给汽车的奔驰而行提供动力，而我们的大诗人陆游思绪跑到130迈，如此高速，气血当然供应不足了，就这样他不但早早地有了脱发的烦恼，剩下的头发也白了许多。

古时候文人雅士也跟咱们一样，他们也是普通人，普通人都在意自己的魅力，陆游作为大才子，仪表和文采一样要看重。头发白了，这太有损形象了。陆游可不想如此揪心，他遍访名医，终于找到一位医术高明的医生，医生告诉他一个简单的方法，说只要坚持，就能使黑发重新回到他的头上，方法就是每天早晚用手指梳头。

于是，他每天坚持用手指梳头，不久之后，离他而去的黑发又回到了他的头上，让他在众人的面前不再难堪。

不就是梳头吗，这有什么玄机呢？

中医认为，头为"诸阳之首"，是人体的主宰，不但决定了有没有你，还决定了是不是你。人体所有的阳经都最终上达到头面，而所有的阴经都通过经别上行于头面，并且这些经脉都通过头顶的5条经脉而汇于百会穴，这些经脉是人体的根本，起着"安全卫士"的作用：运行气血、濡养全身、抵御外邪、沟通表里上下。

此外头部还有穴位40多个、刺激区10余处，常梳头能疏通经络，增强血液循环，改善颅内营养，起到醒脑提神和养脑的作用，既可以让白天精神旺盛，又可以让晚上睡眠安稳。而"发为血之余"，常梳发能促进发根血液循环，给细胞输送充足的氧气和营养，使头部的毛母角化细胞和毛母色素细胞得到充分营养，有坚固发根、黑润发色的作用。

所以说，人体自带良药，最重要的是我们知道要如何才能打开这个良药的瓶盖，取出"药"，才可以享受到这味良药带来的好处。

而"开瓶盖"就是我们最普通的手，可千万不要小瞧"开瓶盖"这个动作，开错了瓶子那就是"慢性毒药"了，这只手要如何开瓶盖呢？

　　为了刺激到这些经脉、穴位和穴区，一定要采取这样的手法：用微弯曲的十指指腹切头皮，从前向后做按压梳理动作30次，至头部有微热感。

　　这个手法一定要温柔，毕竟那是头皮，不是一块瓷砖。

梳头示意图

　　拿百会穴来说，百会穴就是头顶凹陷明显的地方，古人形容"百会可纳豆"，也就是当我们直立行走时，如果在百会穴的凹槽处放一粒黄豆，你左走走，右走走，随意360度转悠行走，这粒豆子都不会掉下来。可见，百会穴挺好找的。好，找到了百会穴，你就可以开始按摩了，如果你稍稍用一下力，那接下来你很可能发生以下现象：头疼，血压升高。因为百会穴有升阳举陷的作用，你刺激得那么重，只会使虚阳上越、肝阳上亢，如果本来就高血压，大力按，气血就可能逆流回经脉。这就跟我们吃喝一样，食物由嘴通过食道进入胃，如果这个方向倒过来，让胃里的食物回流到嘴巴，也就是"吐"，那我们的第一感觉就是——不舒服。

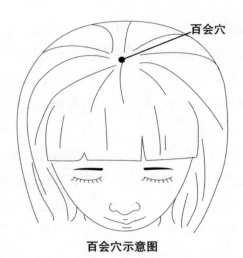

百会穴示意图

手指所到的其他穴位也是如此，最好都是温柔对待。另外，做这个动作的时间也很讲究，最好是醒来和睡前都各来上一次。

《养生论》说："春三月，每朝梳头一二百下，寿自高。"早晨醒来，只有眼睛和嘴巴是醒着的，身体还在自我催眠，以为自己舒舒服服躺在床上呢，这时候我们全身的气血也还是休眠状态，我们首先叫醒的就是大脑，而不是胃！用手梳梳头，可以在春天这个阳气回归之际，促进气血的运行，带动全身细胞响应自然的号召，恢复活力，尤其是"指挥中心"——大脑，新陈代谢更是重中之重。

而睡前呢？

中医上讲，睡前阳气沉伏，阴气旺盛。头部的上星、神庭和百会等穴位如果得以用手反复梳理的话，可消除一部分白天残余的"毒素"——烦躁、抑郁。让你的情绪得以平复，有助于睡眠。

一个再好的方法，如果不坚持做的话，也是没有效果的。就跟别人告诉你，吃鱼子酱好，补身体啊，可是如果只是吃一两次，它的功效也不可能反映到你身上。所以，这个方法要坚持！习惯到你一吃饭，就用你的手去拿筷子一样，形成这种条件反射的感觉。

手指梳头我已经坚持了40年了，40年如一日。

我的头发也跟陆游一样，"觉来忽见天窗白，短发萧萧起自梳"，有一天醒来，长出新的黑发来了，高兴得不得了。不仅如此，大脑的衰老也可以被拖延，尤其是我的记忆，很多人说我的记忆力很惊人，因为年轻时的事情可以一件件说出来。

我至今还记得，1939年春天，我18岁当学徒的时候，跟老板去北京出差一个星期，他让我把各种花销，包括吃饭花多少钱，买什么了，这可不是说只记一顿，是每天三顿，一个星期！我当时没有用笔记下来，靠的全是脑子。回到家，给老板都背了出来，一个数字都没有错的，一共是花了3.4元。当时老板很高兴，在饭桌上加了一个板凳，让我跟他们一起吃饭，那顿饭我记得吃的是菜团子。

为什么我记忆力没有减退呢？

我认为这跟我坚持用手梳头脱不开关系。此外，我睡眠也很有规律，每晚11点上床睡觉，第二天不到6点就起床，但是这一天很少有没精神的时候。

所以早晚都给自己的头皮做个按摩吧，养发护脑，90岁黑头发逆袭不是梦！

95岁的郭老逆生长长出黑发

解读"眉"丽密码

两年前有个二十一二岁的姑娘因为眉毛脱落严重来找我拿药。听她说，这两个月她眉毛掉得很严重，一开始用眉笔画画眉毛还看得过去，不过她自己说了，自己是个很懒的女生，天天上班前还得画一画，遮一遮丑的眉毛，很麻烦！

她也有干脆去纹眉的想法，而且她也去了，到了美容店，看到别人纹眉那个痛苦的表情，看着都很疼，吓得又跑了出来。

眉毛掉得厉害，不正常，不正常的身体现象都可以称作是病，有病就要去看医生。

于是，她就趁周六、周日不上班，跑我这里来看病了。

其实这姑娘说得没有错，眉毛脱落稀少确实是一种病！

中医认为，如果一个人的足太阳膀胱经的气血充盛的话，那这个人的眉毛就长得好看而浓密，如果足太阳膀胱经的气血不足的话，就会导致眉毛稀少脱落。

足太阳膀胱经是什么呢？

中医上讲，足太阳膀胱经是十四经络中最长的一条经脉。膀胱经中的穴位都非常重要，绝不能忽略它。现代医学中，膀胱就跟一个水坝似的，是用来储存由肾脏那里过滤出来的尿液的，当膀胱尿液足够多时，这个水坝就开始泄洪，也就是给大脑一个信号，说要开始排尿了，然后就经由膀胱把这些多余的尿液排泄出去；而中医医学却认为，膀胱更像是小肠的"垃圾桶"，小肠把没有用的固态物质和水分分开后，然后把水分给膀胱，暂时将这些没有用的水分，也就是尿液放在膀胱，等着大脑这个垃圾管理员来收走。

　　其中，膀胱经是通往头、背、腰、臀、下肢、足等各部分，几乎已贯通全身的一条非常长的经脉，故此经脉发生异常时，一处出错，整个大局都会面临崩盘的命运，会影响全身，各种病症都会出现。这就好比一个工厂的流水线，一个环节出错了，不但这个环节不能正常工作，还会影响后面各个环节的接洽工作，最终这条流水线就跟放炮竹似的，一个连一个响！比如头痛、头重、眼睛疲劳、流鼻血、鼻塞等症状会出现于头部；又会产生肩、背、腰、臀、胫等部的肌肉疼痛；容易发生股关节痛、痔疮等；脸部皮肤带黑，失去光泽；容易造成耳鸣，听力不佳。容易疲劳，精神欠佳；食物方面偏爱咸食。以季节而言，冬天发病的机会较大。若出现以上所述的症状，是由于膀胱经的异常所引起的，请刺激膀胱经上的穴位，即能缓和不舒服感。

　　如果气血不足的话，那要怎么做呢？我教了这姑娘一套护眉操。

　　眉毛那里有几个穴位，经常按揉会增强气血。

　　攒竹穴：位于面部眉头两侧，眉毛内侧边缘凹陷处的穴位，按压此穴位可以缓解头痛，消除脸部水肿。按压方法：遵循眼保健操的要求，双手拇指抵住太阳穴，用示指按住两侧的攒竹穴轻轻旋转，每八拍为一个组，重复八轮即可。

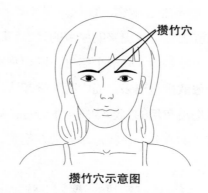

攒竹穴示意图

承浆穴：位于面部，颏唇沟的正中凹陷处。承浆穴为足阳明任脉之会，长期按压此穴能控制荷尔蒙的分泌，有些女生，或者也有不少男生，胸部上部有积水，看上去很水肿，这样一来，可以消除胸部以上身体部位的积水，保持肌肤应有的张力。前不久刚刚嫁为人妇的"绝望主妇"伊娃·朗格丽亚，在接受采访时回忆，她在念书时总喜欢用铅笔顶住唇下的凹陷处听课，对照承浆穴的中医理论功效，很可能这位小脸美人的瘦脸秘诀便在于此！按压方法：用拇指轻压此穴，每秒一次，连按20次。

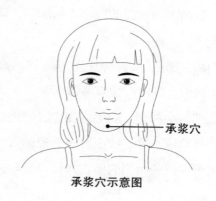

承浆穴示意图

天突穴：微微仰头，位于两锁骨中间、胸骨上窝正中便为天突穴。按压此穴能够增强机体新陈代谢能力，去除脸部多余的水分。我听说有不少女歌手还在天突穴上贴特制磁盘，磁盘上带有微弱的电流，以微弱电流刺激此穴，也就相当于人手按摩了。按摩这个穴位会有一个明显的效果，不但可以清咽化痰，还可以让嗓子更加洪亮。按压方法：此穴不宜重压，指法切记轻柔。用右手的示指每隔2秒轻压一次，连按10次为宜。

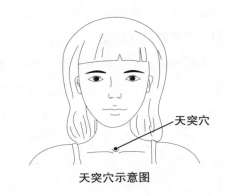

天突穴示意图

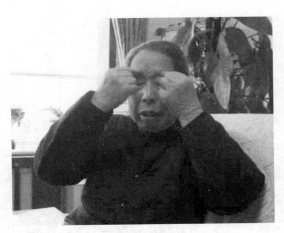

郭老护眉操示意图

肾俞穴：秋天和冬天，天气凉了，人就不容易出汗，体表排汗能力减弱。你可以想象一下，人体主要的排汗渠道，一是通过肾以尿液的形式流出，还有的一种方式就是体表出汗。这突然斩断了一条排汗通道，可想而知，水分要在人体内堆积。而且呢，有不少女生都会存在这个问题，冬天，天冷就习惯吃点辣的或看见火锅，这样一来，重口味的饮食更增加了肾脏的负担，造成水分堆积，这可不是好事儿，水分没办法正常排泄就容易使身体产生水肿。肾俞穴位于腰部第二腰椎棘突下，左右二指宽处。按摩此穴有助于维护肾脏的健康，帮助调节新陈代谢，使体内多余水分迅速排走，让冬天恼人的身体水肿彻底远离。按压方法：以指关节轻压穴道，每秒一次，每按压3～5次休息10秒，再重复这一步骤3次。

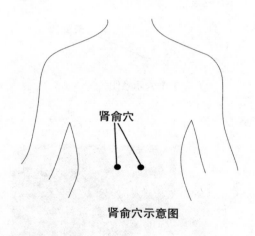

肾俞穴示意图

平常可以多按压一下，但是按压的时间也不要过长，一般几分钟就好，特别是天天面对电脑的人，可以缓解一下疲劳，对于女性朋友也是可以美容的。如果像是刚才那位病人的情况，眉毛脱落，也是可以改善的。

那个姑娘去年因为别的小病又来了一次，跟我说，她回去后按我说的几个穴位，每天没事儿的时候就按揉，没有半年，她就再也不用天天使用眉笔遮丑了。

"给眼睛放个假"

2002年6月2日，当天正好是我孙女的生日，全家约好在家里给她庆祝一下。上午到了医院，我就跟院长请好了假，下午3点钟有事要回家。

到了下午快3点时，我刚要收拾东西回家呢，跟着我的那个小医生急匆匆地跑到我面前，说有一个病人大老远地来找我看病，今天非得见到我不可。我跟那个小医生在中午说了我今天有事儿要早点回家，他应该是知道的，既然他为那个病人求情，那只能说明一件事，这个病人情况很急。思来想去，孙女的生日我只能晚到一会儿了，先看看那位病人到底是怎么个情况。

我跟小医生说可以，让他去把那位病人叫进来。他答应了一声，就急匆匆地跑了出去。

我放下已经整理好的东西，等了几分钟。有个大约30岁的妇女搀着一个上了年纪、看上去得有60岁白发苍苍的老太太进来。一进门就开始感谢我，谢谢我给她们挤出宝贵的时间。谢得我都有点不好意思了，我跟她们说，家里孙女今天过生日才说早点回家，其实也不是什么大事儿。

等这两个人坐下来，我仔细询问了她们的情况。才知道，原来稍年轻的妇女是这个老太太的儿媳妇，今年2月份媳妇生了一个大胖小子，老太太就一个儿子，她60岁才抱上孙子，高兴得不得了。可接下来发生了一个悲剧，彻底毁了这个家庭刚到来的幸福。老太太的儿子3月份开车去外地的路上走夜路，一不小心出车祸了，被一辆大卡车撞了，当场死亡。这突如其来的惨剧让这个家庭瞬间蒙上了阴影，老太太天天哭。儿媳妇没办法，她还有一个刚出生的儿子，她不能不让自己振作起来！这个家里只剩下她和老婆婆，还有一个刚出生、什么都不懂的娃娃，如果她都不能振作起来，这个家就彻底垮了。

这老太太自从儿子去世后，天天以泪洗面，儿媳妇、亲戚怎么劝都不听。就在上个月，老太太可能是哭得太久了吧，眼睛突然看不见了，可过了两天又好了，以为也就没什么事儿了，可过了一天就又看不见了，就这样三天两头时好时坏，一会儿看得见，一会儿看不见，这可吓坏儿媳妇了。

这时候，老太太突然想起了自己刚出生不久的孙子来，这个小东西可是儿子在这个世上唯一的根啊，她可不能瞎，她还要替儿子看着孙子长大呢。

媳妇把孩子安顿给姐姐照看，就赶紧带着老太太来我这里看病了。

听完这婆媳俩的话，我觉得这两个人太可怜了，说什么我也要尽最大的努力把老太太这时好时坏的眼治好。

我又仔细问了问老太太的情况，初步断定，老太太是因为长时间心情郁结，肝脏给伤着了，又加上她总流泪，眼睛气血不畅，这才发生有时候看不见的情况。

气血是一个很玄的东西，看不见，摸不着，但中医认为它对人体非常重要。气血就是平常身体进行活动的关键。气血足，人就健康，气血不足，就会出现现在常说的亚健康状态。看眼睛就可以看出来，看眼睛实际上是看眼白的颜色，俗话说"人老珠黄"，其实指的就是眼白的颜色变得混浊、发黄，有血丝，这就表明你气血不足了。眼睛随时都能睁得大大的，说明气血充足；反之，眼袋很大、眼睛干涩、眼皮沉重，都代表气血不足。

我给老太太开了几服调节气血、疏肝解乏的药，再教给她一套按摩眼睛的操，老太太当时说记不住，我就让旁边站着的儿媳妇也帮忙记着点：

双目有选择地望远山、树木、田野、草原等3分钟后，再看手掌1～2分钟，这样交替，看远、看近，做2～3次；接着做双眼球各个方向的转动，如向左或向右有节律地各转动30次，后按双眼轮刮眼眶（晴明、攒竹、鱼腰、瞳子髎、承泣等穴）。

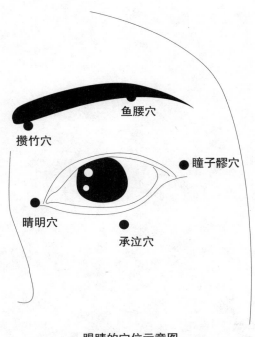

眼睛的穴位示意图

等把一切注意事项都告诉病人，才让她们离开。等送走这对可怜的婆媳，已经是6点了。我赶紧拿起东西回家，路上想着生命无常，活着的人一定要懂得珍惜，珍惜得来不易的生活，珍惜身边的亲人。

到了家，全家都在客厅有说有笑地聊着，孙女说饭菜都快凉了，就差我一个人了。看见他们健康快乐，再想想刚才那两个人，我觉得自己太幸福了。

保养肺的"鼻"经之路

"大夫，您是说我肺部不好，总咳嗽，揉揉鼻子就好点了吗？这鼻子和肺部不是一个器官，怎么鼻子倒和肺扯上关系了呢？"

这是上两个月，有个26岁的小伙子来找我看咳嗽的病，他想让这咳嗽好得快一点儿，我就教给他一套有助保护肺部的操，这套操主要是按揉鼻子的穴位。这位病人觉得奇怪，鼻子和肺部八竿子打不着，这套操能有用吗？

其实中医上有讲，"肺开窍于鼻"。人主要是靠鼻子、嘴巴呼吸，鼻子算是呼吸道的门户，我们都有个体验，你感冒了，鼻子不通畅，呼吸都困难，而且呢，晚上睡着了都不会好，你会打呼噜，这都是肺部憋着、氧气不流通的缘故。鼻窍的通畅与否直接关系着"肺主气、司呼吸"的功能。

所以呢，人体吸不进氧气，很快就会不行，而鼻子做为输进氧气的重要器官，是人体进行新陈代谢的一个"发动机"。而且，鼻子更是防止致病微生物、灰尘、脏物等侵入的第一道防线。要想保护肺部，鼻子的保健是至关重要的。

　　具体步骤是在做完眼的保健法后，进行鼻翼的搓动。用双手的示指、中指指腹在鼻翼旁上下搓动12次，感到鼻翼旁发热，然后用右手捏紧鼻翼，用力憋气30秒，感到耳内有胀感，闭气后做深呼吸，每3个为一组，共做3组。此法可开通鼻窍，促进肺的呼吸功能。另外，还可用手指刮鼻梁，从上向下10次；分别用两手手指摩擦鼻尖各12次。本法可增强局部气血流通，使鼻部皮肤津润光泽、润肺、预防感冒。

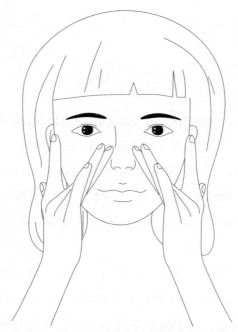

两手手指摩擦鼻尖示意图

　　小伙子听完我的解释，然后才明白。

　　像空调一样，肺也是需要及时养护的。以前听过一个关于北京雾霾天的冷笑话，说是生活在北京的人，在北京的雾霾影响下，都变成了人工空气过滤器。笑话归笑话，可是肺部管着过滤空气这是不争的事实。

　　所谓知己知彼才能百战百胜，不要以为保护肺部不是打仗，人不生病还好，一旦生病，就会了解，不生病，不咳嗽的日子是多么幸福。我们可以根据肺部的结构和特点来进行养护，可供选择的方法有很多，比如，以气养肺：肺主气，司呼吸。清气和浊气在肺内进行交换，吸入气体的质量对肺的功能有很大影响。

如果想要自己的肺部有个舒适干净的环境，随时保持清灵，首先是要远离烟的污染，不管是你抽烟直接去搞破坏，还是被动地接受二手烟的危害，都要记住一点，尽量不要在这种尼古丁肆虐的地方长久地待着。有闲情逸致的朋友呢，可以经常到公园等开阔的地方多走一走，陶冶情操不是最重要的，主要是可以呼吸新鲜空气。在这种草木茂盛、鲜花点缀的地方，做做运动，做做深呼吸，然后再有意地吐吐气，把肺部所有的不好空气、浊气都吐干净，不但人健康，这心情也一定不错。

还有一种方法是以水来养肺，肺看着是藏在人体内部，其实它与外界是相通的，是一个开放的系统，它与鼻子只连着一个可以走空气的气管，使它们之间构成了气的通路。人呼吸，可以带走肺部的水分，这个大家都知道，所以就会出现这样一个问题，干燥的空气更容易带走水分，这样一来，很容易造成肺黏膜和呼吸道的损伤。这就是中医所说的，燥邪容易伤肺。因此，及时补充水分是肺保养的重要措施。

另一种是人们都喜欢用的方法，就是多吃些清肺的食物，以食养肺：甘蔗、秋梨、百合、蜂蜜、萝卜、黑芝麻、豆浆、豆腐、核桃、松子等食物，这些都有滋养润肺的功能，因此可以通过食疗来养肺。口鼻皮肤干燥，经常会感觉到鼻子里痒痒的朋友，可以多吃上述食物，也可以根据喜好做成药膳食用。如百合蜂蜜汤：用新鲜百合50克泡洗干净，与蜂蜜30克一起煎汤，每日一次服用，可以润肺止咳，润肠通便；川贝炖梨：新鲜梨2个，川贝5克打粉，加水共同炖服，可以滋阴清热，化痰止咳；百合小米粥：百合5克，小米100克，煮粥食用，一日一次，可以温润补肺。

还有一种是以药养肺：中药南沙参、北沙参、麦冬、五味子、冬虫夏草、燕窝等，都有养肺的功能。不过这些都是大补的食物，补得过了，也会伤身，要是有条件吃，想吃，可以在医生指导下选用。

另一种情况是，活得要开心，以笑养肺。像那些多愁善感的人，他们多多少少都会伤到肺部，《红楼梦》里的林黛玉经常咳嗽，每次一咳嗽就感觉整个人都倒了一般。反过来，有肺病的人也容易悲伤忧愁。而笑为心声，能克肺金的悲忧。多笑一笑，就能减少悲伤忧愁。很多人不知道，笑也是一种运动，而且很养生，它能使胸廓扩张，肺活量增大，胸肌伸展。这样有助于宣发肺气，有利于人体气机的升降。每日笑一笑，能够消除疲劳，解除抑郁，宽胸理气，恢复体力，增进食欲。

最后一种方式，就是加强运动。可根据自身条件，选择合适的运动，如慢跑、爬山、踢毽、跳绳、练功、舞剑等，以激发人体的御寒能力，预防感冒的发生。

不管以什么方式，最终还是脱不开鼻子的保健，所以说，要养肺，鼻子可是必经之路。

郭老示范搓鼻尖示意图

郭老示意图

固齿有绝招儿

　　"我想请您跟我一块儿做一个动作，我们在拍照的时候，都要开口笑，都会说茄子，假设咱俩要拍照了，镜头在那，三二一，茄子。"

　　这是一次做客某节目，主持人听说我的牙齿好，让我笑给观众看。

我的牙好吗？没觉得。不过我没有告诉她。

我现在已经掉过三颗牙了，两颗后槽牙是自然掉的，而前面的一颗门牙却不是自然脱落的，失去这颗牙可是经历了一波三折。

在1975年，我到陕西汉中去讲学，当时生活条件比较困难一些，我们只能吃那个糙米。吃饭的时候我使劲一咬，结果前面那颗门牙，一下碰到一颗小石头子上，硌得我特别疼。我想着过了一段时间可能就好了，可还是不行，我就去口腔科检查了。医生瞧了瞧，说牙齿有个轻微的裂缝，漏出神经线了。我想保住这颗牙，牙齿是保证营养摄取的基础，以后吃饭的时候小心一些。我很听医生的话，吃饭尽量不碰到那颗受伤的牙。

那颗牙平平安安过了几年，到1980年到日本讲学。吃饭的时候可难为到我了，会场上日本人吃西餐，左手拿叉子，右手拿刀子，让我很不习惯。那天中午吃生鱼片，我就依葫芦画瓢，学着其他人拿叉子把生鱼片插上，把肉送到嘴里后忘记把叉子抽出来，一下子咬到了叉子上，牙齿突然很疼，我知道第二次灾难来了。果然，牙崩裂了。

讲学的内容每天都安排得很紧密，我也就没有和工作人员说这件事。20天以后终于回国了。我一回到家就到口腔科看我的牙，当时医生说："你现在这个牙的裂纹基本上裂得就剩一点点了，看来是保护不了了。"

看来这次真保不住了！医生跟我说，你必须把这颗牙拔掉，不然每次吃饭就疼。这颗牙五年前就受伤了，本来就脆弱，再给一次有力量的重击，受的伤更严重了，所以不得不拔掉。

一个80岁靠上的人，只要口里面能保全20颗牙，就能很健康。牙的功能就是咀嚼，食物通过牙齿初步变成小块，进入胃，胃蠕动分泌胃酸将小块食物再腐蚀变小。缺少了牙，进入胃的食物会很大块，这样胃酸不能全部将食物腐蚀，所以好多老人只能吃细软的食物，食物单调后，营养也就不全面了。

有人会说你可以戴假牙啊，对，是可以。可是口腔牙齿缺失多后，口腔用来保护人体的分泌液也就分泌少了，最直接的就是除菌功能没了，细菌直接进入体内，人就容易生病了。

我现在95岁了，属于自己的牙有28颗。这牙齿非常重要，关系到老年人的营养来源。现在，硬的、烂的、黏度大的食品我照常吃。就没有东西因为我牙疼吃不了，我照常吃，就和青年人一样，瓜子啊，花生啊，这些照常吃。所以我的营养补充比较全面一些。这对我的长寿可能有很大的帮助。牙齿很好用，补过的那颗牙也没有出现什么问题。牙齿就像是树，树根保养得好，牙齿才坚固。

齿乃骨之余。又齿为户门，因此，牙齿的状况与人体先天之本肾和后天之本脾胃都有着密切联系，是人健康的重要标志之一。有一套牙齿保健操我已经坚持了40多年了，简单来说，就是叩齿。

牙齿的保健是在每天早晨刷牙后叩齿60下。叩齿就是平时或者早上或者晚上，上下牙磕碰，这样有好处，使牙根经常加固。第二个，叩齿以后齿龈的肌肉就不萎缩，能把牙根包得很好，牙就不容易掉。

叩齿示意图

另外，坚持早晚和饭后刷牙，保持口腔卫生也是牙齿保健的基本方法。再做做牙齿的保健操，就是先嘟嘴、咂嘴各10次，然后舌头在口腔按顺、逆时针方向各转15次，最后舌头做伸、缩运动各15次。

独立的一颗牙就跟人一样，外在的锻炼、叩齿等，这是必不可少的，再有就是要有营养的供养，比如硒。

有研究表明，牙膏中的氟也是人体内必需的微量元素，但摄入过量，则会引起氟中毒。氟中毒可不是开玩笑的，它是有全身性影响的，可造成机体多个器官受损，其中最早、最轻的表现为氟斑牙。

机体摄入过量的氟会导致机体抗氧化酶系统紊乱，使各种抗氧化酶的活性下降，机体的氧化反应与抗氧化反应失去平衡，从而产生大量的自由基，损伤细胞生物膜，造成机体氟中毒。

而硒可以解除氟中毒的不利代谢，消除氟斑牙。另外，硒具有一定的抑菌活性，口腔有害细菌又那么多，可降低"病从口入"的风险。

最近在体检时，体检报告显示我缺硒。如果在年轻的时候我注意补上硒，现在的牙齿说不定会更好！

多吃含钙丰富的食物。特别是在婴幼儿时期就应注意饮食的选择。家长应给孩子多吃能促进咀嚼的蔬菜，如芹菜、卷心菜、菠菜、韭菜、海带等，有利于促进下颌的发达和牙齿的整齐。常吃蔬菜还能使牙齿中的钼元素含量增加，增强牙齿的硬度和坚固度。实验证明，厌食蔬菜和肉类食品的幼儿，其骨质密度均比吃蔬菜和肉类食品的幼儿低下。

常吃蔬菜还能防龋齿，因蔬菜中含有90％的水分及一些纤维物质。咀嚼蔬菜时，蔬菜中的水分能稀释口腔中的糖质，使细菌不易生长；纤维素能对牙齿起清扫和清洁作用。此外，多吃些较硬的食物有利于牙齿的健美，如玉米、高粱、牛肉及一些坚果类，如橡实、瓜子、核桃、榛子等。

"腰"美不留遗憾

上个月有个男同志专门从武汉来找我看病，武汉到咸阳，路途遥远。这个病人今年49岁了，仔细问了问他的身体状况，才了解到他是常年的糖尿病患者，现在已有并发症——肾病。但是还好，他一直在定时定量打胰岛素，血糖控制得也还算可以，就是总是失眠和便秘，这很困扰他。

他跟我说，他已经看失眠和便秘好多年了，中医、西医、打针、吃药，样样不落地吃了个遍，当时见好，可是一段时间后，又恢复到糟糕的状况。就在他放弃希望的时候，有个朋友说为什么不去试试针灸？"对啊！还有这招儿没有试过。"于是就跑我这儿来了。

他说这是他最后一次试，不行的话，也就绝望了。我说你别着急，我先给你检查一下，不行的话咱们再说。

其实这个病人呢，一辨认，也就是我们中医常讲的望闻问切，就可以确定他是一个肾阳虚的一个病人，以肾阳虚为主，病情没那么复杂。

我就只给他开了一个处方——重灸命门。

当时没有立马见效，他比较着急，就说："郭老，您就扎一个穴位，管用吗？"我跟他说，这个治病不跟咱们吃安眠药似的，一片见效，吃了就立马入睡。它治疗的效果是需要时间的，你总不能这么说，你很饿，吃了三个馒头了，但还没有饱，你就又吃了一个，吃完第四个才觉得饱，这时候你说前三个都白吃了，这可能吗？不可能！所以你先不要着急。

我们全身所有的360个穴位当中，唯一暴露在外面的穴位在腰部，而且它对我们的健康有着至关重要的影响，这个穴位就是命门穴。

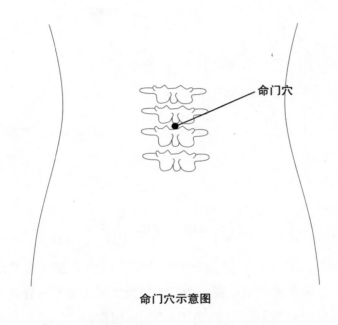

命门穴示意图

命门这个穴位，它是根据这个穴位功能来确定名字的。古人管这个地方叫作命门，是因为它是生命的一个门户一样，常揉、常动，对延长人的生命有很大的作用。所以中医总结了这么几个长寿穴，一个就是命门，第二个是神阙，神阙下面还有一个气海。这些就是长寿穴，所以你揉它们起很大的作用。

这样给他扎了一段时间，有一天他过来找我，兴奋得不得了，跟我说，他现在不便秘，睡觉也没问题，血糖也稳定了，胰岛素都减了一半。

这说明什么呢？这个灸命门穴，绝对是一个生发阳气、补阳气的好方法。

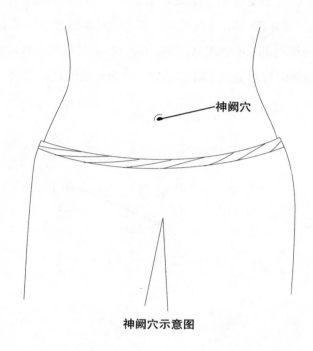

神阙穴

神阙穴示意图

孙思邈在《养生经》里头有一个方法，叫腰常摆、腹常揉。我又给加了一个，叫作命门不能丢。命门的位置实际上刚好与肚脐是前后邻居，穿过肚脐对着的地方就是命门所在，所以很好找，前面是肚脐，后面是命门。

中医提倡揉命门，这个揉也是有讲究的。揉时要站立起来，放松，一只手放在前面的肚脐上，另一只手放在命门穴上，同时揉，就像你的腰部变成夹心肉似的，这个动作可以多做几次，80次，100次，甚至200次，都可以揉。揉得你感觉你的腹部发热、腰部发热。方法很简单，但是对长寿起很大的作用。

这是腰部的命门，要多揉。另外，腰部保健还包括哪些呢？

腰部保健包括腰部的按摩揉搓和腰部运动两个方面，具体为：

①腰部的按摩揉搓：双手搓热后在腰部由上向下着力按揉至骶尾部30次，以发热为佳。经常按摩腰部有强腰壮肾之功，还可消除腰痛。

②腰部运动；包括转胯运腰、俯仰健腰和旋腰转脊。

转胯运腰：其动作要点是取站立姿势，双手叉腰，拇指在前其余四指在后，中指按在肾俞穴上，吸气时，胳膊由左向右摇动，呼气时，由右向左摆动，一呼一吸为一次，可连续做30次。

俯仰健腰：姿势仍取站立位，吸气时，两手从体前上举，手心向下，一直举到头上方，手指尖朝上，呼气时，弯腰两手触地或脚。如此连续做15次。

旋腰转脊：姿势为站立位，两手上举至头两侧与肩同宽，拇指尖与眉同高，手心相对，吸气时，上体由左向右扭转，头也随着向右后方扭动，呼气时，由右向左扭动，一呼一吸为一次，可连续做15次。腰部主动运动时动作要徐缓，循序渐进，才可达到较满意的效果。

腰部运动分为二个部分：第一个是背部的被动运动，方法是背部距树干约30cm，然后向后碰撞树干30~60次，着力点由左向右依次而行，力量由小逐渐增大；第二个是主动背部肌群锻炼，扩胸挺身动作，挺身后维持3~6秒，然后放松1秒，再重复动作，共15次。

摆腰会给腰部肌肉一个外在的锻炼，简单来说，人这个胸椎，还得有一个肋骨在前边，基本上形成一个动作，就是被包围了。全身在运动时，胸椎活动有了一定的固定，但是到了腰椎这部分，就只有五个腰椎节来固定，不像胸椎还有个肋骨帮忙加固。我们的肚子实际上什么都没有，所以活动起来只能靠肌肉。

人的身体等于是一个大房子，有一个独立的柱子来支撑。人体全部重量的2/3，都由脊柱承担给了脊椎，而脊椎总能正常地正直，维持不变，为什么呢？这就是靠腰部肌肉。腰部的肌肉总是拉伸着脊椎，所以脊椎老是固定在那个位置上。假如腰肌长得不够结实，拉的力度不够，那脊椎必然要歪斜，所以你必须锻炼腰肌。

我就是四十年如一日地这么练腰，才达到如此灵活的状态。经常出去开会，上很高的台阶的时候，我年轻的徒弟们有时候还跟不上我这个90多岁的老头呢。

与长寿"膝""膝"相关的保卫战

　　1972年秋天我51岁，在下楼的时候，腿部关节开始疼，往下迈时腿发软、发酸。前几天以为是腿部缺钙，一时适应不了秋天渐渐变冷的变化，可能忍一忍过几天就好了。可这样的情况老也不见好，持续了半个月，当时我就想，这可能是膝关节增生了。

　　膝关节增生是风寒湿邪入侵膝关节，阻塞了经络，造成了气滞血瘀，肝肾有所亏损。有句话不是说了吗，人老先老腿，膝关节增生是一个老年病。冬季骨头痛、膝盖冷，这都是中老年人常常遇到的困扰。

　　我就开始揉前后这个膝盖骨，揉了三四个月以后，这个关节就不出现疼了。没吃药，没手术，自自然然居然好了。

　　膝关节任务繁重，而营养相对较差，因此在所有关节中，膝关节劳损度和运动伤病发病率都排在首位，说得"恐怖"些，我们的膝关节只有15年左右的"好时光"，其余的时间里，都会因为不同的原因而出现不同类型的疼痛。

　　15岁以前：膝关节处于发育阶段。15～30岁：膝关节处于"完美状态"，运作起来可以说是不知疲倦，前提是不破坏到膝关节组织。

　　30～40岁：髌骨软骨出现了早期轻度磨损，出现脆弱期，并产生短期的膝关节酸痛。髌骨软骨是人体膝关节内一层3～5毫米厚的透明软骨，是为膝关节缓冲运动带来的冲击。但由于髌骨软骨没有分布神经，所以在全层磨损前只会在脆弱期拉响一次"预警信号"，在这段时期内要避免剧烈运动。也是从这个时候开始，对膝关节的使用不可以再随心所欲。这时饮食中注意钙的补充，慢慢调理关节的活动力度。

　　40～50岁：在走远路之后，膝关节内侧容易出现酸痛，用手轻揉之后会缓解。在膝关节中，半月板的作用是缓冲震动、保持稳定。人体60%的体重都是由膝关节内侧支撑的，因此内侧半月板的退变发生也比较早。又因为半月板上有神经分布，在退变过程中人可以感受到酸痛。这种现象的到来提醒人们：该开始保养膝关节了。在保证日常的饮食的基础上注意合理的饮食，适当的运动以及护膝保暖等需要的保护装备，注意日常防潮防寒。

　　50岁以上：膝关节会感觉到明显疼痛，这是因为髌骨软骨的"使用寿命"已到，软骨全层磨损，关节炎已经产生。这时候应该减少剧烈运动，尤其是上下楼梯和爬山，必要时可以使用拐杖、护膝来帮助减轻膝关节承受的压力。

　　我国50岁以上老年人超过1/4常年忍受着膝关节疼痛，许多人认为这与年龄有关，其实大多数疼痛因膝关节骨关节炎所致。

　　我们的身体仿佛一架机器，关节好比机器上的轴承，使用的过程实际上就是损耗的过程，膝关节也不例外。体重的增加、激素水平的改变、全身骨骼的缺钙、下肢力线的改变(比如罗圈腿)等因素，对膝关节的影响更大。磨损越频繁，退化进程就越快。所以，膝关节的锻炼显得尤为必要。

　　我自愈的那套操，正好可以很好地锻炼膝关节。老年人还应该同时进行全身的比较柔和的肌肉力量练习，这对防止骨关节炎的作用较为明显。特别是股四头肌的力量和功能对膝关节稳定很重要，肌力下降造成了

35～54岁的人群中有近5％的人发生关节炎。一般来说，做膝关节的保健操可增强股四头肌的力量，对减少关节摩擦、保护软骨有益。

按摩髌骨示意图

首先要找到髌骨，髌骨在膝关节前面，腿部在弯的状态下用手摸膝关节附近的两个坑，这两个坑中间靠上位置就是髌骨。找到髌骨后，掌心按在上面，先从外往里揉，揉38下，然后，再从里往外揉38下。

然后，再用双手将髌骨抓起来，向上提38下。

双手将髌骨抓起来，向上提38下

做完这三个动作后，再将腿曲弯起来，不用弯那么大幅度，能用两只手够着就行。接下来在膝关节髌骨下面的两个穴位上——外膝眼、内膝眼，用双手指按揉这两个穴位38下。

　　每天早上起床时，坐在床上没事儿了，揉一揉，醒醒盹，用不了5分钟，什么都不耽搁。晚上睡觉前也揉一次，坚持二、三个月你就会明显感觉到自己的腿年轻了。所以，这样揉膝盖才有用，对于膝关节疼痛，或者是预防腿老化都有非常好的效果。

　　腿疼治好了，但我还是一直坚持做这套操，每天去小公园必做的其中一项就是这个，效果不错。而且呢，这套操不局限于老年人，年轻人也可以练一练，加强膝关节的健康保健。

第四章

长寿秘诀身上找

长寿，是每一个人的目标。面对高血糖、高血压、高血脂，正确对待它们，一样可以长寿。老年痴呆，从现在做起远离它。更年期是最心烦的几年，在这几年中，心情尤为重要，很多老年疾病都是由更年期引起的，尤其是高血压引起血栓之类的疾病，所以，我们要让血管更加强健地包裹住骨骼，让消化系统中的脾胃肠道吸收更多的营养来强壮骨骼，让我们更加长寿。

知己知彼：不再谈"糖"色变

2010年，我在医院的门诊大厅看到一个人突然晕倒，大厅内的人眼光齐刷刷地看着那个患者，但是就是没有一个人主动上去扶那个患者。我看没有人敢扶，就赶紧过去，瞧一下什么情况。这个患者是个女的，大约50岁，我瞧她脸色苍白，意识已经恢复，就问她："您怎么了，哪里不舒服？"她说她觉得自己浑身没有力气，心跳很快，感觉有一身冷汗。我一看，这明显是低血糖的症状，于是赶紧掏出口袋的水果糖给患者喂下。那个患者一见我给她吃的是糖，赶紧做了一个拦住的手势，然后软弱无力地跟我说："不行，不行，我有糖尿病，不能吃糖。"我跟她解释了一下，说我是这个医院的医生，又跟她说，她现在这种情况是低血糖，必须及时补充糖，缓一缓。她听后，就安心地吃了那块糖。

然后，扶她到旁边的休息椅上让她坐下。一会儿，她缓过劲儿来了，她就跟我说，自己得糖尿病好几年了，控糖一直挺好的，今天来医院前，没有吃饭，刚才就成那样了。

做中医几十年了，接触的大部分糖尿病患者都在问我，郭大夫我该怎么降血糖，但很少人问我糖尿病人低血糖该怎么办。其实，低血糖的危害比你短期的高血糖危害要来得重得多。

对于糖尿病患者，高血糖控制得不好，那么它会逐步地一点一点地损伤你的身体。特别是到了后期，糖尿病的各种并发症会非常明显，比如眼底病变造成的视力减退甚至会失明，比如糖尿病导致的溃疡，比如糖尿病导致的肾功能衰竭，这些都会造成患者极大的痛苦，也就是它慢慢地在折磨你。这是一个很长的过程，有的时候需要10年，甚至于10年以上。从这个小血管先出毛病，最后可能到大血管。这样一来，很可能别人的脚碰一下没事，或者是咱们剪指甲的时候剪破了，正常人可能没事，那么糖尿病人就会造成很危险的一种结果，什么结果呢？感染。

假如你是用药了，但是没有按医嘱，或者是用的药不适合你，血糖反而低了，也就是说造成了低血糖。那么有一种说法，说发生一次严重的低血糖，假如已经昏迷了，那种严重的低血糖，对你身体造成的损害，比你五年八年糖尿病未治疗造成的损害还要严重，即比糖尿病对你的影响还要严重。

低血糖带来的这个损伤特别严重，包括刚才提到的那个低血糖患者，她低血糖都晕倒了。可我知道临床上还有好多引起死亡的病例，这确实是挺吓人的。

糖尿病到底是怎么回事儿？

简单来说，从受精卵开始，你就走在了基因表达的漫漫长路上。

在你还在妈妈的羊水里游泳的时候，脐带给你输送的营养就决定了你将来的身体适应的食物是什么！你从小吃馒头热菜，等你长大了，突然有一天起让你以后只吃汉堡包牛排，你吃一两次还可以，总吃就容易吃出问题了，你的基因根本就反应不过来：后来的食物是什么？

也就是说，你在童年的食物已经决定了你身体的耐受性。如果换了多年的饮食习惯的话，你的身体就会出现各种慢性炎症，比如糖尿病。

不知道你们有没有发现一个问题，现在患糖尿病的人老年人居多，胖的人居多，为什么呢？

他们年轻的时候，生活条件不好，一年能吃一两次肉就不错了，所以啊，他们小时候吃得都非常清淡单调。

成年了，生活条件逐渐变好了，一看，小时候哪里见过这么多的好吃的？于是敞开了胃口吃，大鱼大肉，想吃多少就吃多少！

可是你别忘了，你身体表达的基因不能适应这些好东西啊！

慢慢地，你的胰腺开始有了炎症了，时间一久，胰岛细胞功能就有问题了，这就形成了糖尿病。

有人就害怕了，得了糖尿病一定活不长久！糖尿病虽说是种病，影响寿命，可这也不是绝对的。

2001年我去一个山区做实地访查，见到一个91岁的老头，看见他时，他正扛着一个锄头要去地里。那么大岁数还去地里干活，我问他平时身体怎么样，他说除了糖尿病外，没什么大毛病，身体结实着呢，家里有什么粗活他都能干。我看他已经到了打胰岛素的地步了，身体还这么棒，还能这么长寿。

所以说，这个糖尿病是不影响寿命的。要想长寿，从根本上，我们还是要把血糖控制住。

那平时，我们饮食上要注意些什么呢？有人说，以前没有得糖尿病，我抱着个西瓜，可以吃一个，现在呢？只有吃西瓜皮的份儿。这就道出一个大家有共识的点了，低糖！要控糖，我们就要低糖饮食，身体处理血糖的能力已经很低了，就不要再摄入高糖，给身体工作添乱了。可多吃蔬菜水果、吃高纤维食物，促进机体的糖代谢，降血糖同时又养生。因此糖尿病患者可以适当吃些冬瓜、南瓜、青菜、青椒、西红柿，还有玉米、小麦、白菜、韭菜、豆类制品。

还有一点糖尿病人要注意的是——减缓并发症的发生。我们都知道，糖尿病本身不会拿人怎么样，生病啊什么的，伤害人身体的其实是那些糖尿病带来的并发症，如失明、肾衰竭等。高血糖带来的这些伤害我们是不可避免的，能做的就是让它们来得不要那么早。那要怎么做呢？补充维生素，尤其是维生素B和维生素C，这个一定要重视起来。因此糖尿病患者可以适当吃些鱼、奶、芥菜、甘蓝、青椒、鲜枣等。

再有，既然我们人体调节糖的能力不行了，那我们请外力帮忙好了，所谓药食同源，我们刻意去吃一些降糖的食物，这样，双管齐下，血糖控制更容易些。那么哪些东西属于这个外力呢？糖尿病患者要注意多吃含钙、硒的饮食，缺钙会加重糖尿病病情，而硒有与胰岛素相同的调节糖代谢的生理活性，因此糖尿病患者要注意补钙、补硒。糖尿病患者可以多吃虾皮、海带、排骨香菇、芝麻、大蒜，以降低血糖、改善糖尿病症状。

高血压的冰火两重天

2011年夏天，我从中医药大学东门出来，正要往家走时，突然前面就开过来一辆小轿车，一看，这辆车开得可真奇怪。那司机好像喝醉了似的，开起车来摇摇晃晃的，走的路线也呈S形。大白天里谁会这样开车？太危险了！

车开过去几分钟后开始减速，在靠路边的位置停了下来。我以为这只是一件事不关己的小事儿，就继续往家的方向走，没有再关注。

等我走到小区门口，我听到有人在叫我，"郭诚杰老师，郭老师，等一下。"

我顺着声音看过去，原来是刚才那辆车的主人。我再走近一瞧，这不是我们学校的老师小王嘛。

小王今年40岁，是针灸系一班的教导主任，我带博士生的时候跟他一个办公室，他人挺不错，工作认真，对学生也挺好。我加快脚步走过去，对他说："不好意思，刚才没有认出是你来，你刚才怎么了，开车晃晃悠悠的？"

"是这样，郭老师，刚才开车快到咱们学校时，突然我觉得头特别晕，我一直有高血压，可能是血压又高上来了，想打电话让我儿子来接我，发现手机没有电了。正好看见您路过这边，想用您的手机打个电话，这家里人给我送药过来。"

我赶紧把手机掏出来帮他打电话，通知了他的家人。又想着他在车里一个人，我不放心，就叫他先去我家里休息一会儿，喝点水，缓一缓。

"你刚才太危险了。知道自己有高血压，就应该在身上常带着药。"我对他说。

"刚才我觉得是挺危险的。平时自己身体挺好的，就是血压有点高，可这个也没影响正常生活，照样给学生上课、备课的。就是刚才感觉不太对劲儿了，可能车里没开空调，我觉得很闷，头很晕，我就赶紧停了车，把车停在路边。"

"那你平时按时吃药吗？"我问他。

"医生建议我要按时吃降压药，可我没有当回事儿。平时想起来就吃，想不起来就不吃。"

我跟他说这样太危险了，高血压药要一直吃，不能吃一顿漏一顿。

过了一会儿，我看他还是迷迷糊糊的样子，就感觉不好了，他可能大脑出血了。那会儿他儿子还没有到，我就赶紧叫我儿子开着车送他去最近的医院。路上，我翻开刚才的通话记录，给他儿子打电话过去，说他爸爸情况不太好，我们送他去某某医院，让他赶紧也过去。

到了医院，你猜怎么着？我刚才的直觉是对的，他高压190，脑出血了，万幸的是他血管破裂得少，不用动手术，只要让大脑自己吸收溢出的血液就行，但还是得立马住院。过了半个钟头，他儿子也赶到了。小王有人照顾，我就放心了。

离开医院，我跟儿子在车里感慨，血压高上来真的是太危险了。

中医认为高血压的原因就是心肾不和，肝火太大，所以得先清肝，清肝的火气。平时高血压的人在吃东西时候就得注意，尽量少吃辣和烫的食物。另外，顺着肝这条顺毛驴的脾性，给肝喂养。肝喜欢吃什么，就给它吃什么，把它哄高兴了。那肝喜欢吃什么呢？绿色。好多绿色的蔬菜、水果对肝都好。蔬菜里头哪个降肝火最棒？就是菠菜。大家都知道，妈妈在给小孩儿做吃的时，经常给孩子在饭里放些菠菜，其实，大人也可以吃。大家可能都记得，动画片里大力水手用来补充能量的东西就是菠菜。菠菜营养价值丰富，尤其是维生素，这个"红嘴绿鹦哥"可是有"维生素宝库"的美誉，高血压人群很适宜食用。

之前有人很疑惑，高血压真的能治好吗？是不是高血压患者就等同于慢性死亡？我并不这么认为，西医中有很多短期的抑制血压的药物，也有些人则是长期靠药物来维持的。但是，抛却遗传的因素，后天患病的高血压，在我眼里，并非要终身服药的，绝大多数是可以治愈的，即便是剩下的少数人，也是可以维持在一个正常的人生道路上，获得一个人人期盼的高寿。

我们不妨看看周遭身边的亲人朋友们，或老或少，也不论男女，其中大多数人患病是因为熬夜、生活不规律、肥胖、饮食不当、情绪失调，以及精神压力较大。也正是这些因素，造成了人们所谓高血压难以治愈的幻觉。那么，我可以大胆地说，正确的治疗手段，应该是先调整再吃药，不然吃药等于吃毒药，不会对身体的高血压产生任何治疗作用，反而让患者的身体不同程度地接受着各种药物毒素的侵蚀，损伤更多的脏器，得不偿失。

目前来看，精神、心理因素对年轻人血压的影响越来越大。很多年轻人牵涉到工作压力、住房压力等，都会带来血压升高。因此，年轻人必须放平心态，降低自己的欲望，不要攀比，压力大的根本原因是自己要求太多。此外，每天运动30分钟左右，快步走、慢跑之类的运动对血压下降帮助很大。

我一直认为疾病就像我们的人生大敌，我也不止一次提到，面对敌人，我们拼的是勇气，拼的是战术。这里，我还要加一条，那就是拼的是坚持和毅力。减肥是一件需要毅力的事情，控制不科学的饮食，不贪图口舌之快，也是一种需要毅力的事情。现在的年轻人，很多喜欢吃外卖，而饭店的烹饪，为了追求销售量，为了提升味道，含盐量都会很高。而很多人毫不坚持，被美味吸引，这是引发高血压，也是影响治疗的极大阻碍。

管住嘴，迈开腿，勤扬眉，坚持打持久战，和这冰火两重天的高血压说再见，其实也并非艰难。

要想很好地控制高血压，只靠大夫管着你，要吃药、要运动、要注意饮食，这一定是不够的，更多地还是要自己上心！有句话"民以食为天"，所以不想让自己身体承受那么高的血压，先从嘴巴开始。中医上有一个降血压的方子，电视播广告的空当自己就可以在家里做了，不耽误工夫，也不花费力气，方便得很！我也不卖关子了，这个方子我分享给了好多我的病人，它就是——醋泡黑豆。

这个方子具体的做法是，将黑豆放锅里炒出豆香来，黑豆的加工就算完事儿了，然后把黑豆晾凉，再放到一个合适的容器里，在里面加两倍体积的醋，醋选择咱们在超市常见的米醋就行，最后泡上一周，一周后就可以吃了。怎么吃呢？早饭前，空腹吃，也别多吃，吃两个或者三个就够，这样坚持一个月，血压一定会有明显降低。

专心"治""脂"

2005年，有个高血脂患者来找我看病，这个患者是个男的，当时65岁，临走前，他问了我一个问题："大夫，您看我这病能好吗？"

我反问他："你说，这人如果老了，能返老还童吗？"

他说不能。

"那就是了，高血脂是因为你老了，血管用了这么多年，旧了，人不能回到年轻，只会越来越老，所以啊，你也别听别人说你这病能好，你这病好不了了。只能说是控制这血脂浓度，别让它那么高！现在呢，你吃的这些降脂药对咱们这些上了年纪的人来说，就是补药。所以，我刚才给你开的那些降脂药，一定不能忘了吃。"

人上了年纪，血管也跟着老了，就跟长时间用的水管似的，用了几十年也会存在老化的问题，什么漏水、管壁存在大量的脏东西，和血管的使用是一样的道理。

说完，这个病人就离开了。

实际上，有很多老人都会问我这个问题："大夫，您看我的病能好吗？"一般我都会实话实说，免得这些病人总是上一些骗子的当。我认为，这是我作为一名医生所应负的责任。因为确实存在这种现象，好多没有道德心的不良商家打着能治好老年疾病的旗号，招摇撞骗，说是能让病去根痊愈。从科学上来说，这都是反自然规律的，一点儿都不科学，也不符合现在的医学常识。尤其是现在好多人血脂高，都去盲目地买降脂药。

好多人都不明白血脂到底是怎么一回事儿。

血脂是血浆中的中性脂肪（甘油三酯和胆固醇）和类脂（磷脂、糖脂、固醇、类固醇）的总称，广泛存在于人体中。

传统中医认为，血脂是阴精所化，具有黏稠、沉着之性，若血脂过高，则更加黏腻、沉着，西医中的动脉粥样硬化，不也正是这么形成的吗？黏度升高，血液流动减慢，大量脂质、脱落的细胞等易沉积在血管内膜上，血中纤维蛋白、血小板等乘机在异物上聚集，使血管狭窄，甚至形成血栓，阻碍血液正常流动，使血液黏度进一步升高，形成恶性循环。

另外，高血脂的高明之处并不仅仅是它对我们身体的损害之处，主要是因为它够团结，三高之所以称之为三高，那是因为"高血糖"、"高血脂"、"高血压"亲密得就像"刘关张"。一个头磕在地上，携手共进，誓要把人们推进鬼门关。高血脂更像是"刘备"，不断地给予兄弟们以动力支持，以精神鼓励，以坚强后盾。就像上面提到的那样，高血脂会引起血液黏稠度增高，血流变缓，血流的运动是需要"动力"的，原本的"独轮小车"需要一个人的力量来推，让小车变重之后，变成了需要两个人的力量来推，甚至三个，四个……于是高血压在高血脂的影响下形成了。

高血脂，会使得血脂变成糖分，降低了肝脏功能，引发糖尿病，而形成糖尿病之后，糖尿病所造成的代谢障碍，又加重了高血脂的程度。不得不慨叹这是多么好的三兄弟组合，人体健康的大敌。

血脂是堵塞血管的元凶，也是很多心血管病患者头疼不已的疾病。有人发现自己的血脂高了，然后就开始忌口，不吃肉、少吃油等，可发现血脂还是高得一塌糊涂，然后就开始由饮食控制改为吃药。吃降血脂的药物，能完全恢复到正常人的状态吗？也不能，这些方法似乎都难以根除这个病，很令人苦恼。

我曾经就有这样一个高血脂的女病人，她跟我说，她的更年期一到，血脂自然就升高了上去，前几年还没太在意，可是越是不管，两年内血脂越升越高，从单纯的甘油三酯异常，到胆固醇和低密度脂蛋白升高，几乎全面异常。再加上心脏也有些不听使唤，这才开始着了急。

然后吃药吧，找医院的心血管病医生开点西药，开了两盒降脂药，可三天两头忘记服药。

去年开始控制饮食，多吃粗粮，少吃肉；加强运动，经常游泳，每天走路。几个月后血脂开始下降，但降到一定程度后就再也降不下去了。于是，她就跑过来问我，到底该怎么把这个血脂降下去？

我就说让她试着多吃点山楂，反正你还年轻，高血脂可以降下来。山楂降血脂，每天吃点，时间久了，血脂就会降下来了。以前我还没有研究过高血脂这方面的病时，第一次知道这个方子，还是由最初看的一个老病人告诉我的。

1998年，有一位老病人来找我看肝病，那时候他都快80岁了，得这个肝病也有10年之久，前几年，他血脂很高，但又需要服很多治肝病的药，所以一直没有服用降脂药物治疗。

他说后来他想了个办法，每年在这个季节就让他的女儿买来许多山楂，洗干净，切成片，放在阳台上晒干。

每晚抓一把，用开水泡在杯子里，不放糖，闷一夜，第二天晨起饮用，白天还可继续当茶饮。就这样，他的血脂逐渐下降，最近检查，他的血脂只高于正常水平多一点儿，这已经很不错了，毕竟他的身体已经老了，血管不再年轻。

我看到他的方法很管用，就推荐给别的病人试试，确实效果都挺不错。

后来我还自己学着那个老病人做了一点儿山楂片。当时我在菜市场买了3千克山楂，本想和那位老病人一样，洗净、切片、晒干，可没想到我根本没那个时间。几天下来，放在阳台上的山楂开始出现烂果。

我突然想起了母亲在世时做过的山楂酱，立即把山楂洗净，放在锅里加少量水，煮成山楂酱（不放糖），装进容器，存在冰箱内。当时我老伴儿有点高血脂，我就让她每天吃1勺。

2个月过去了，到医院检测血脂，3项异常指标，2项恢复正常，另一项也明显下降。

确实是山楂的好处。我就开始查资料，原来好多资料上显示山楂能显著降低血清胆固醇及甘油三酯，有防治动脉粥样硬化和降低血脂的功效。

中医上也讲过，山楂味酸、甘，性微温，归脾、胃、肝经，能消食。山楂就是百果之王，它的神奇功效很明显。可以用于治疗消化不良、腹泻、痢疾、痛经、产后腹痛、高血压、冠心病等病症。

山楂的吃法很多，你要是懒，图方便，可以将山楂洗洗，就可以吃；当然，山楂也可以炒一炒。这生用、炒用功效也就不同了，活血化瘀止痛多用生山楂；消食导滞宜用焦山楂。山楂用量一般10~15克，大剂量可用至30~120克。

不知道你们有没有发现，酸的东西都可以下食，促进食欲，比如醋，山楂也是，山楂的酸对胃很好。这表现在，吃了山楂，可以促进胃中消化酶的分泌，促进消化，尤其是过年过节，吃油腻的东西多了，可以嚼一个山楂，解腻。

而山楂最易让人忘记的功效，莫属它的降脂效果了。

下列人群是容易患高脂血症的。

一、有家族遗传史

一个家族中，如果有人有早发冠心病史——直系亲属中男性发病早于55岁，女性早于65岁，下一代更容易出现血管内壁功能不良，患高脂血症的概率是平常人的3~4倍。如果双亲都患有高脂血症，那么其发病率会更高。

二、处于中老年阶段

随着年龄的增加，在40岁后，人体各个系统的功能都会或多或少地出现退化，血管上皮细胞的功能也不例外，这样就容易导致血脂逐渐增多，患心脑血管疾病的概率也会随之增加，特别是肥胖的中老年朋友。

三、经常高脂、高热饮食也有错

长期食用动物内脏、蛋黄、奶油及肉类等高脂肪或高热量食物，但是蔬果类食物摄取量少，这类朋友的血液中总胆固醇、"坏胆固醇"和甘油三酯的含量比一般人要高很多，这就不难理解，高脂血症为何"青睐"经常吃肥肉的朋友啦！

四、绝经后的女性

女性朋友在绝经前，其患高脂血症和冠心病的概率要低于男性。但在绝经后，体内的"坏胆固醇"会逐渐增加，"好胆固醇"会逐渐减少，使得患病概率明显超过男性，因此绝经期后的女性朋友要格外注意。

五、吸烟、酗酒的人

"吸烟有害健康"——香烟中含有尼古丁和一氧化碳等物质，长期和这些物质"打交道"，体内的血管会受到严重的损伤，给血脂在血管中蓄积创造了巨大的空间和机会，动脉粥样硬化的恶魔也会逐渐逼近你，加上"坏胆固醇"逐渐升高的浓度，高脂血症随时都会来访。

酗酒可导致体内总胆固醇、高密度脂蛋白升高，而低密度脂蛋白降低，容易诱发血脂异常。另外，90%~95%的酒精通过肝脏代谢，饮酒对肝脏的损害很大，能损伤肝细胞，容易引起脂肪肝、酒精肝等。

别让大脑偷懒儿

2012年我带了一个博士生在诊室实习。

看病开方子时，他就都一直在旁边听着看着，半个月过去了，是时候让他自己开开方子，锻炼一下了。

这天，来了一个大约40岁的中年妇女。给她诊断完，发现她只是常见的小病，肝气郁结，开点药吃个三四天就好了。我把开方子的活儿交给了站在我旁边的那个博士生，就转回头继续跟病人交代吃药的注意事项。

突然，那个女患者脸沉下来，对着博士生就说，"你怎么还上网查方子啊？你不知道方子是什么吗？这位医生让开方子，没想到你这么不专业！"

我急忙扭过头去，看见博士生正拿着手机在搜索什么信息。

博士生赶紧抬起头来，尴尬地对女患者笑了笑，说："不，不，不。您误会了，我不是在百度药方，我是在找备忘录。以前记得药方都存在这个手机的备忘录里了。"

"这个药方经常用啊，这段时间类似的病例可不少，你没有记住吗？"我奇怪地对他说。

"郭老师，我想着把经常用到的药方都记在手机上，这样查起来方便，就没有背过。"

为了不使病人干等，我没有再跟他多说什么，赶紧让他给病人开了药方。

等病人走后，我跟这个博士生说，以后像这种方子一定要用脑记下来，光靠外在手段像手机啊、电脑啊来记，如果真有个什么急事，都来不及。

不光是我带的这个博士生有这种习惯，现在很多的研究生、博士生在研究数据的时候总是临时去查找数据，这样反而降低了效率。像常用的方子都没有记住，这要是病人多，忙起来，岂不是很耽误事？

我看现在大部分年轻人人手一部手机，天天拿着手机记这、记那的，恨不得24小时不离手。可我们都知道，大脑总不用会生锈的，经常依赖高科技的手段，还不如用自己的脑子。背诵可以锻炼自己的大脑，可能像我这个年纪，背过了，但用不了几天就忘记了，记得快，也忘得快，但多记几遍，也就记熟了。这样呢，经常动脑，也不容易得老年痴呆。

不知道你有没有这种感受，有一段时间不爱动脑子，只凭着自己的生活经验去做事，去做选择，像是一个提前插入记忆芯片的机器人生活，那么过一段时间过后，新的一天开始，当你想去思考事情时，你发现，一切都变得那么陌生了，你的感官也迟钝了，你眼前的事情到底有什么内在名堂，突然就想不出来了，脑筋变得不灵活了。

据英国媒体报道，老年痴呆与受教育程度有关。北欧研究人员用了20多年，对1400名芬兰成年人进行跟踪调查，结果显示，与上学不到5年的人相比，上过6~8年学的人患痴呆的要少43%，而那些受过9年以上教育的人患痴呆的危险要少84%。

我想，今年我95岁，人还没有退休呢，怎么能让大脑提前退休了呢？所以，在我常坐着的地方放几本书时不时提醒自己，今天该背诵点东西了！我对记忆与思维的认识是，对重要著作必先熟读，继之精思，记忆和思维紧密相连，记忆是思维的基础，思维又能提高记忆效果，读中求记，思是求明，不可偏废。

我家茶几底下放着几本书，上至《素问》《灵枢》，中及《难经》《伤寒》，再有《针灸甲乙经》《千金要方》《明堂孔穴》《针灸大成》等经典医籍，这些都是需要精读，甚至重要的段落条文还应该烂记于心。

《灵枢·经脉》《灵枢·九针十二原》《灵枢·小针解》《难经》（节选）《标幽赋》《百症赋》《玉龙歌》《针金赋》等诸多内容，我现在都熟背如流。

大脑越是纵容，不让它干活儿，它就越是懒。我听说，有人背英语单词是用肌肉记忆法，不停地大声念单词，直到肌肉酸痛，下次再想运用那个词，潜意识里也就自然而然蹦出来了。当然，我们在用大脑的时候不用那么煎熬、痛苦，我们最起码也要让它经常动一动，你像中医看病的小方子，这就应该背下来。

我上大学的时候，我们班有个男生，平时不爱学习，老师上课教我们如何施针，如何配药，他都一副吊儿郎当的样子，左耳朵进，右耳朵冒。不过，他对古诗词什么的特别喜爱，他把背诵古诗词当作一种乐趣、一种平时的消遣，他的唐诗三百首能倒背如流。我们班里的人，就连班主任在内，都认为他将来当不了一名好的中医，找到工作都费劲。

结果毕了业后，他果然没有找到一个诊所接受他。后来，他跑去给当地的一个官员当司机，有一次，有个非常喜欢中国文化的外国官员来西安参观，在车里聊天时，想让中国那个官背几首诗，那个官也不知道怎么了，竟然背不出，我这个同学见势不对，赶紧帮忙解围，念了30首诗。最让人吃惊的是，那还是他大学时期背的几首！毕业5年了，他居然都没有忘记。

后来我问他怎么记性这么好，他跟我说，经常背诵东西，久而久之，脑子就好用了，只要是他想记住的，都可以记住。

后来，他给开车的领导很赏识他惊人的记忆力，开始提携他，现在他都坐到局长的位置上了。

他的例子就是很好的证明，不能纵容大脑懒惰，脑就跟齿轮似的，用得越多，相当于在齿轮上滴润滑油，越好用。

学习是件苦差事，当以此习以为常时便不觉其苦，当领悟其道理后反觉乐趣无穷。况且，人的天性是遇折易停，遇阻易退。这一天性也是一个人成功的最大障碍。一个人要想成功，如同要做成一件事一样，需要努力和毅力，为目标而奋斗。

"更年心"比"更年期"更要命

2002年我遇到过这样一个病患，60岁刚出头，原是某市直属机关的主任，退休后赋闲在家，开始身体还不错，只是为人脾气稍微有些急躁，两三年之后，血压便开始高了起来，用他儿子的话说就是"我爸就是个倔老头，让他来看病，他总说没事儿。"

当时检查的结果是他有些心律不齐、血压高，但倒不是很严重的样子。看着他和家人的交谈，我很恰当地找到一个词来形容，那就是颐指气使。我便告诉他的孩子："你父亲这是更年期，身体目前倒还可以，主要是心病，你们做子女的多费心，关照他，别让他总这样下去，就不会有事，不然，这更年期也是会引发很多心脏问题，甚至其他问题的。"

他儿子当时对我说的话是言听计从，看得出很赞同我的话，只是他本人，对我差点眼珠子瞪出来，要不是看我年纪比他还要大很多，估计和我争论一番也是有可能的。

更年期男人也会有，这已经不是什么稀奇的事情，更年期的严重恐怕部分人也早已知晓，毕竟主流媒体也好，小道消息也罢，大家都在争相宣传报道这些类似的问题。

只不过，我想说，更年心比更年期尤为害人。

就像那风靡全球的足球运动一样，球员在那绿茵茵的草地上不知疲惫地奔跑、争抢、流汗，不断地上演世纪大战：22个人抢一个球，有时，终其一场抢来抢去的以平局黯淡收尾！可为了和气，为何不每人发一个，互射点球呢？但如果这样做，他们可真的要哭了。毕竟他们在足球场上像趋光的飞蛾似的你追我赶，为的也只是那一个字：赢！

赢，这个字确实是博大精深。仓颉造字之时，便已将丰富的含义灌注在这个字上，这个承载了对我们炎黄子孙最美好的希望和劝解的文字，熠熠生辉。你看，这简简单单的一个"赢"字。如果我们拆开，就会知道，人要想成功需要这几点："亡"——危机意识，"口"——沟通能力，"月"——时间观念，"贝"——取财有道（科普一下，古时候，人们以贝壳作为货币交易的媒介），"凡"——平常心态。

然而最简单也最难做到的就是——"凡"，平常心，所以我们要养心。

心为什么如此重要呢？这主要是因为心作为身体的"发动机"，决定了有没有你这个人！所以养心的重要性不言而喻。

当然，我们这里说的心，并不是单纯的"心"，而更是指心情、心境、情绪。

更年期有人体到达某个年龄之后的生理功能的变化，有激素水平的影响，当然还有心理情绪的影响。对我们行医之人来讲，克服生理问题的紊乱，我们可以采用手段，可以科学地去辨证施治，但是最恐怖的最捉摸不透的便是人心。更年心这种心理因素是很难让我们把握的东西，无形的伤害，便总是这么深不可测，如同"无招胜有招"，或者说，漫天遍野，处处是对其身体的伤害。

阴阳五行中"火"所对应人体的脏器是"心"，中医认为，"心为君主之官"，它统摄身体的五脏六腑。如果把人体看作一片森林，那"心"

在其中则扮演着灌溉这片森林的泉水。泉水所到之处，也随之带去了氧气和营养。

其实五脏六腑作为"森林"也是在间接保护着心，使心不受任何外界的干扰。一般情况下，脏器受到伤害的时候，心是最后一个受到影响的。

所以更年期最大的特点便是心情的抑郁和火气的宣泄，这倒是与更年期的形成有一些推不掉的关系，就像这位机关退休干部，当了几十年的领导，退休之后，内心的空洞让他难免产生了各种不平衡，一下子得空，让他在家人身上找平衡。脾气的宣泄，让他来逃避一种权力不在的现实。这样的生活模式下，他的心情便是更年心。

类似的例子还有很多，但大都有一个共性的症状，那就是脾气增大，性格变怪异，所谓的怪异无非就是抑郁寡欢，缺乏乐趣。

这样的心情让他们的心脏首当其冲被摧毁，血压的冲击，激素的紊乱，情绪的激动，对这个年龄段的人而言，心脏远没有那么强的抗击能力，更何况在心脑血管之后，便是肝脏，随后是肾脏、脾胃……

更年期的冲击，我们不可避免地或早或晚都会遇到，当我们撞上更年期之时，我们能否大声地对它说，我已做好准备迎接一切呢？我们又该怎么调整好我们的心境，挥别更年心，变得更年轻呢？

回到我最初谈"赢"字之时所说的平凡、平常心这个问题，我觉得答案已经浮现出来，所谓养生保健，从某个角度而言，我们需要的是长寿，我们想要达到的是健康而且长寿，做人生寿命的赢家。我们要赢本没有错，但是急功近利、不够平淡，那便是错的，更年期的阶段，我们更应该保持淡然的平常心。

"海纳百川，有容乃大；壁立千仞，无欲则刚。"物极必反的道理我在之前也提过，而在提到三高的问题之时，我依然提过。人在年少时，年少气盛那叫上进心，而当更年期乃至以后，我们的心态，却真的应该慢慢地放缓。"比上不足，比下有余"的知足常乐便不再是不思进取，而成了安贫乐道的养生之道。

时过境迁,那位退休的主任,终于在他儿子的悉心安抚下,慢慢走出了更年期的影响,他的更年心,好在及时地平稳度过。如今我也成了他的看病查体第一人选,每次但凡有点小病小灾、头疼脑热,他便总会让他儿子陪他来我这儿检查。他时常对我说:"当年闹更年期,让您笑话了,看您这状态,这身体,就是我以后的目标呢。"

说实话,见过形形色色的病患,各种各样的更年期症状千奇百怪的人之后,我对他们并没有笑话之心,而更多的是一种体谅和关心。更有甚者,更年期,并不是一种丢人的现象,又谈何笑话呢?

其实面对更年期时,作为自己,调节心情其实是最重要的,而作为子女最重要的就是疏导、引导。让自己的父母远离更年心,是让他们度过这个时期最佳的心理治疗方案。

同时,尽量让父母有一个健康正常的作息,饮食合理,营养全面,适当活动,这也是让他们快速走出更年期同时又不会有其他并发症产生的根本。这一切,依然是为健康助力、为长寿埋伏笔的不二之选。

血管如何变年轻

前段时间，我徒弟张卫华来我家看我。闲聊中跟我说，他的一个同事，今年也就36岁，居然脑血栓了，现在人就躺在医院里呢。

他那么年轻就得脑血栓，这怎么想都觉得不可思议。人一般都是上了年纪，才会发生血栓什么的，年轻人？不太常见！

我问他怎么回事儿，他告诉我说，都怨这个同事平时太爱吸烟了，一天抽2包，烟瘾很大，抽得身体都受不了了。

你可能会问，这吸烟和脑血栓也有必然的联系吗？对，如此年轻的生命体由吸烟引发脑血栓，这不是不可能的事情！

烟里的尼古丁被血液吸收后，会粘在血管壁上，量少了还行，血管里的"清道夫们"会扫走这些有害的外来物质。但是，这些清道夫的能力是有限的，尼古丁多了，不可能每次都清理干净，一定会残存一些渣，就是这些不起眼的渣，时间久了，也就变得不可一世起来，量不但越积累越多，而且带来的危害也随之加大。

这些尼古丁会牢牢抓住血管壁，每来新的血液，尼古丁就会拦住血液里大的颗粒，久而久之，就成了血栓。

虽然2015年6月1日开始施行中国有史以来最严厉的戒烟令，可烟民数量还是很大。

徒弟同事的例子绝对不只是个例，心脑血管疾病向年轻人伸出了魔爪，要如何保持血管的年轻、健康，这些不再只是老年人才要考虑的烦恼。那么，在学会保护血管健康前，我们首先要了解血管的重要性。

为什么我们要在乎血管呢？因为，我们的身上到处都是血管。将一位标准体型的成人体内所有的血管头尾相连，长度约10万千米，可绕地球整整两圈。

我们的血管，不折不扣地组建了身体的交通公路网，动脉、静脉这样的大血管，是那一条条的高速公路，普通的动脉、静脉血管，那便是一条条国道、省道，而细微的血管，便是市内交通网，毛细血管便是一条条乡村小路了。不论是宽是窄，流动的车辆或新或旧，在这人生的交通网间，任何一条道路的塌方、损坏、甚至堵车，都会影响到整个世界的通畅。没有高速公路，城市会陷入瘫痪，人们会停滞不前，同样没有羊肠小道，依然也会造成部分地区的消息闭塞。那如果是作为人？在这条交通网之间若有些异样，我们又会是怎么样呢？

最小的血管被称作微血管，我们体内约有190亿条微血管，血管是"生之径"，同时，它们也可以是死之径。

微血管有个神奇的地方，它们能适应不同的生长环境，出现不同的形式。比如说，在肝脏里，微血管是让血液解毒的管道；在肺脏里则形成气囊帮助气体交换；在肌肉中以软木塞开瓶器的形状排列，这样在肌肉收缩时，血液循环也不会中断；在神经中，微血管蜿蜒如电线，维持神经细胞的活力。

我们身上大部分的血管，是在胎儿时期就长出来的，也就是说，通常情况下，成人身上的血管不会自发地生长，某些特别的情况则是例外。每个月女人的子宫里，血管会增生形成内膜，怀孕时，子宫内膜将演变成胎盘，也就是母亲和宝宝间的联结。我们受伤时，在伤疤下血管会不断生长，来帮助伤口愈合。

可见，我们的身体在任何时候，都有调节全身血管数量的能力。身体借着计划完善精良的调控系统来维持那些控制血管新生的刺激物或是抑制物间的平衡。也就是说，若是在短时间内需要大量的血管，体内会释放血管新生的刺激物，这是一种被称为血管新生因子的蛋白质，就像我们体内的天然肥料一般，能刺激心血管的萌发。若是体内不再需要过量的血管，身体就会借着自然释放的血管新生抑制因子，让血管新生速度降到基准值。像是受伤后，我们体内的血管先大量增生，再降到健康时的正常数量，也就是身体设定好的正常值。但现在我们知道，就有些疾病而言，这个控制血管生长的系统有缺陷，身体没办法减低过量的血管，或是没办法让新生血管出现在正确的时间或是位置，这样的情况就是，血管新生失去平衡，而这是一种非常严重的疾病，比方说，血管新生不够，体内就不会有足够的血管，这样伤口不会愈合、心肌梗死、足部血液循环不良、中风，或者伤害神经。相反，过多的血管新生，会让体内有过多的血管，也会造成疾病，如癌症、失明、关节炎、肥胖、阿兹海默症。总的来说，有70多种疾病正影响着世界上的10亿人口，它们表面上看起来毫无关系，但事实上，这些疾病都以异常血管新生为共同特征。

面对着众多老公路路面干裂、新旧血管无时无刻不在更替的现实，如何让我们的血管变得年轻化呢？

通常来讲，三高人群的血管比没有三高的人更为脆弱，常年高盐、高糖摄入的人群，造成血液中盐分、糖分浓度较高。就像马路上跑的客车如今都超载，马路在高压之下，出现龟裂的概率显然要增大很多。而当年老之时，对血管的自我修复能力下降之后，血管新生因子活性变低之后，我们就要面临血管破裂的危险，脑溢血、中风的风险也将随之增大。

因此我们的"公路"需要维护，我们的"公路"需要一位勤劳的环卫工人，更需要一位称职的交通协管者。毕竟防胜于治，若能在血管的崩溃到来之前，让它时刻保持年轻态，那无疑将增寿延年。

说到这里，大家不禁要问："您说得这么好，那我们应该怎么做呢？"

"我们都想长寿，我们都想让血管年轻化。"

"快说方法吧！"

坚持合理的营养膳食是最有效的办法，病从口入，低盐、低糖不仅仅是针对高血压、高血脂、高血糖的人群而言，全民低盐的口号已经不是近两年才提出的，能做到这几点的人，无疑都不会对三高有所惧怕，怕只怕贪食者管不住自己的嘴。

在坚持食物品种多样化的前提下，每餐不要吃得太饱，少吃肥肉、巧克力、奶油、糖、甜点心以及动物内脏等食物，多吃富含钾盐、镁盐、维生素类的瓜果蔬菜，还可以多吃些苹果、胡萝卜、贝类、菠菜、橙子、金枪鱼等抗衰老食品。大蒜是比较值得推荐的一种食物，大蒜对血管软化的作用是值得肯定的。我的一个老朋友曾经经常头晕、偏头痛、眼花、睡不着觉、吃饭不香，只是让他用了一个偏方——每顿饭吃几瓣蒜，一段时间之后，神奇的事情发生了，他的状况真真切切地有了好转。

然而，对于我们常说的戒烟戒酒，养成良好生活习惯这种说法，我则认为是半对半错吧，香烟中的一氧化碳会造成血管壁内皮细胞缺氧，促成动脉硬化。烟中的尼古丁还可使高密度脂蛋白减少、低密度脂蛋白增加，从而加重动脉硬化，戒烟是必不可少、毋庸置疑的。但是我觉得红酒，对血管的软化，还是有很大的促进作用的，不得不说，喝酒伤身指的是醉酒，或者说频繁饮酒，但是偶尔饮用些红酒对血管的年轻和软化是大有好处的。

生命在于运动，血管亦然。长期有规律的体力活动或运动，能维护血管的弹性，避免因年龄增长而导致的血管老化，并能使老年人的血管功能像年轻人的一样好。例如每天运动半小时，如走路、骑自行车、打门球、慢跑都能提高血管"年轻化"程度。

没有规矩不成方圆，人无规律，势必会引起身体的紊乱、机体的紊乱，血液的有毒物质含量自然也会超出预期，同样对血管也是一种摧残，而这些长年累月的负面影响，积少成多，对血管的压力不容小觑，所以日常更应注意生活有节律、劳逸适度。饱食过后不立即躺下休息；一觉醒来不着急起床，可闭目养神几分钟，适当活动筋骨后缓缓起来；养成睡前、早起喝一杯水的习惯，以稀释血液，降低血液黏稠度；保持房间通气良好等，这些生活细节都有利于血管保持年轻态。

附：冷热浴

具体做法是：每晚睡前坚持冷热水交替淋浴。热水温度在40～44℃之间；冷水温度在12～16℃之间，先冷后热，交替5～10次，每次2～3分钟，最后以热水浴结束。年迈的老人可以用冷热水交替洗手。冷热水的交替刺激能够起到调节、改善神经系统的兴奋性，促进新陈代谢，帮助代谢废物排出的作用。尤其是外部不同的温度，可以让血管经历扩张收缩的交替变化，并带动全身的一系列变化，仿佛是"血管也在做健身操"一样。

肾有多强，寿命就有多长

2010年夏天的某一天，我还记得那时候快中午了，我以为病人都看完了，所以我就去了一趟厕所。回来的时候看到我的门诊室外面站着一个小伙子，他探头向门诊室里边望，而且还颇有一股鬼鬼祟祟的味道，神情紧张。

我感觉奇怪，问："小伙子，你有什么事吗？"我自觉声音还比较轻柔，没想到还是吓到小伙子了，他转过身来，拍了拍自己的胸口，抚平突然被吓到的情绪，还问我："请问，您知道郭大夫是哪位吗？""我就是。"我回答到，我看小伙子应该20多岁的年纪，一听到我是郭大夫，马上高兴地自我介绍了起来。

他说他姓杨，是来找我看病的。因为前面排了好多人，他就去外面随便走了走，又觉得肚子饿，就到医院附近吃饭，没想到吃个饭也要排很长的队，但肚子又特别饿，还是决定先吃，没想到吃完回来我的门诊室这边已经没人了。

我听着人家也难得来一趟，而且又是年轻人，不管有没有下班，我要帮他看一看吧，于是我把他请进诊室里边。

看着坐在我对面的小伙子，我问："你是来看什么病呢？"小伙子支支吾吾的不太愿意说出来，我说："在医者面前不必藏着掖着，你只有说出来我才能帮你看是吧？"小伙子点了点头，深吸一口气，终于说出来了："其实，最近因为工作太忙，总是加班熬夜的，或许还跟去外面应酬有关，觉得身体很不舒服，其实我来找您看病，就想让您帮我看一下肾，我怀疑有些问题。"

我明白为什么小伙子支支吾吾地不太敢说话了，我理解其实很多男性都特别在意这种事，绝不想让人知道自己的肾有问题。我就帮他检查了一下，肾的确是有些问题。我说："小伙子，你这样可不行呀，肾对人的身体是很重要的，不止是男性性方面的能力，而且肾不好，还直接影响你寿命的长短，而且你自己也知道造成你肾虚的是不良的生活习惯和饮食习惯，以后可要多多注意呀。"

肾脏就像一个人体的"垃圾"回收站和处理厂，从西医角度上讲，肾脏把我们日常生活消化吸收之后的生活垃圾回收，重新吸收起来，为了不浪费嘛，把有用的物质吸收，没用的物质再彻底排出体内，以免它们为祸人体健康。这是一个干脏活累活的器官，一旦失灵，或者说跟我们人体闹点别扭，在其上面的心肝脾肺，工作怎么能顺利进行呢？

而从中医来看的话，我们都知道五脏六腑和五行密切相关，肾属水，肝属木，心属火，肺属金，脾属土。五行相生相克，单纯的一个肾脏问题，不仅仅是人们常说的泌尿系统的问题。举个简单的例子，人在上火的时候，会损伤肝脏，主要是因为火大伤木，很多病患会出现口腔溃疡、眼干、头疼等症状。而肾脏本身就担负着对心火降火的能力，一个肾虚的病患，在遇到火气过旺的情景之时，肝脏受损的速度和状态一定快于肾脏完好的人。脾胃属土，在肾虚的病患身体之内，肾脏功能的弱化，引起脾胃的功能伴随弱化，所以也就引起了脾阳虚。毕竟"兵来将挡，水来土掩"，没有强水的攻击，土本身也不需要强化自己。

肾脏除了单纯的医学上和其他器官的休戚相关之外，自我最初学医之时，书籍记载过"腰为肾之府"之说。肾主藏精，有"先天之本"之称，主生长、发育、生殖，为全身阴阳之根本。此外，肾主水液，主纳气。如果一个人的肾气亏损，就会表现为腰膝酸软，易生疾病、易衰老。

当我们还是小孩子的时候，之所以生长发育迅速，主要是因为年轻时肾气足，刺激各项生长激素的分泌，作用于身体，牙齿发育快，身高陡增，生长期进入青春期，当我们年纪增大、体质减弱、多病时，人体精气也就自然不足了，此时阴阳失衡，可出现肾虚。

所以肾脏有多强，寿命便有多长。当人们的肾气衰弱，意味着老之将至；肾气衰竭之时，便是大限将至。寿命的长短，很大程度上说，是肾脏说了算。

肾与人的寿命长短有着非常密切的关系，一个人的肾气强则代表他生命旺盛且有活力。大多数情况下，肾虚是许多疾病发生的一大诱因。所以让肾强健才能更好地带动身体其他器官的正常运转，达到延年益寿的目的。

那么我们需要怎么关注自己的肾脏，怎么保护自己的肾脏，怎么做到延年益寿呢？其实也并不是很难的问题。

"古人指出，人生十岁，五脏始定，血气已通，其气在下，故好跑。二十岁，血气始盛，肌肉方长，故好快步走。三十岁，五脏大定，肌肉坚固，故好慢步。四十岁，五脏六腑皆大盛已平定，故好坐。五十岁，肝气始衰，目始不明。六十岁，心气始衰，善忧悲，血气懈惰，故好卧。七十岁，脾气虚，皮肤枯。八十岁，肺气衰，故言善误。九十岁，脏腑经脉空虚。百岁，五脏皆虚，神气皆去，形骸独居而终。"

古人将人的一生每十年划归一档，不同阶段有不同的状态，十几岁的孩童，身体生长初成，生性活泼，喜欢四处奔走，跑动；而到二十多岁时，血气方刚，肌肉健硕，便开始快步行走；接下来的三十多岁，人体内脏、肌肉皆已成型、坚固，人也变得稳重，缓步而行；四十多岁的人呢，衰老的疲态已然初现，更喜欢踏实地坐，而取代了行走；五十多岁的人，因为肝肾的渐渐衰老，变得出现眼花的现象；六十岁心肺功能也会随之变弱，心境也变得多愁善感，喜欢躺卧；等到七十多岁时，皮肤松散、枯燥；八十之后老年人多会出现一些老年化的问题……

面对古人的先见之明，熟读先人给出的人生轨迹，我们若能得以改善，加以善用，又何尝担心不长寿呢？

儿时与成年，成年与老年的差距在哪？最大的区别无非是在好动还是爱静、善跑还是喜卧，那么我们为何不去延长我们的运动寿命，来促进我们的身体寿命呢？

对于年轻人而言，我想继续引用古人名著《黄帝内经》里写的："精者，生之本也。"《寿世保元》云："精乃肾之主，冬季养生，应适当节制性生活，不能姿其情欲，伤其肾精。"

精气是构成人体的基本物质，精的充坚与否，亦是决定人们延年益寿的关键。精气流失过多，会有碍"天命"。而冬季属水，其气寒，主藏。那么冬天对于年轻人来讲最适宜养精气为先，对性生活有节制。

对于四十岁之后的人，在节制与运动之外，滋补饮食方面，我更提倡的是年过四十补肾养阴，毕竟四十之后的人肾阴开始损失大半，适当补阴，而不应该盲目补阳；年过半百滋水涵木，针对五十多岁的中老年人，面对的是肝脏和肾脏的双重压力，肝属木，木旺本身也是固水源的最好措施；人生七十补肾培土，七十之后，消化会弱化，生命需要进补，进补也需要吸收才行，到了这个年纪，没有一副好脾胃，补肾气不也是枉然吗？八十之人滋肾润肺，老年人动则气喘，病则咳嗽，多与肺肾两脏功能失调和衰退有关。而肺属金，肾属水，金能生水。肺阴充足，输精气于肾，乃补充肾阴，保证肾功能旺盛。八十岁，人老体衰，多半会伴肺功能严重衰退，通过滋肾润肺的方法，不是正好可延缓衰老吗？年过九十调肾气，这才是真正的需要补阳气，让老人延年益寿的终极补充。

在衰老过程中，不但要从年轻积累肾气、神精，要维持良好的运动调节身体状态，还要时刻保持着良好的、平和的心情和心态，当然必不可少的要科学地随着身体阴阳、气血的各种虚实变化，关心肾、脾、心、肺、肝的各种相应改变，施以调补之法，方能达到健康长寿，"度百岁乃去"。

让肠道听话

　　53岁那年，恰好是春节，那几天有点便秘，当时觉得便秘是小问题，不用太在意，可能是上火了，多喝点水也就没事儿了。再说过年亲戚朋友串门挺忙的，也顾不上这茬，过几天还不行的话，抓点药，反正自己也是大夫。

　　谁知道，当时小小的不重视却换来后来的追悔莫及。

　　春节过了，便秘不但没好，反而更严重了，三四天才排一次便，上厕所半天也拉不出来，蹲很久，拉出来的大便又粗又硬，像铁棍似的。有时候从厕所出来，腿都麻了，只能扶着墙壁走。憋得很难受，脸上也油油的，还长了点痤疮。

　　这粪便长时间在肠道里存着，可不是好事儿，你想啊，人把有营养的好东西都吸收了，把那些垃圾都从肠道排出去，你便秘，垃圾就在肠道里发酵，有害细菌就会增多，腐败后会产生大量的毒素。轻点的，脸色发暗，长暗疮，可久了，肠道就癌变了。

　　我赶紧给自己抓了点药，小虫气还有大冲击啊、附子草啊、决明子啊，再配着吃些利便的食物，比如香蕉、稀粥。开服中药确实管用，立马可以泻。

可不吃药呢，一下子又便秘了。

有天我正坐在沙发上看报纸，邻居带着他们家5岁的小孩儿过来玩儿，小孩子嘛，活蹦乱跳的，一进门就冲我跑过来，刚凑近我，就突然转身，跑回她妈妈怀里嚷着要走，当时我还纳闷呢，这小姑娘怎么了？

她妈妈也觉得云里雾里的，刚来怎么就闹着走？只见她噘着个小嘴儿，大声说："爷爷臭！"我心里就像被一块大石头突然压着，无奈又尴尬。

等他们走后，我问老伴儿，我身上真有味儿吗？老伴儿不好意思地说："有。"我哈了一口气，闻了闻，真有一股很呛人的臭味儿！这才明白怎么回事儿，全是便秘惹的祸。

人便秘，会有宿便，宿便在肠道里停留，不能及时排出体外，被大肠反复吸收，有害细菌会大量繁殖，这样一来，正常的菌落也被破坏了，菌群失衡，肠道蠕动也降低了，消化系统不好了。而人嘴可是消化系统好坏的反应器，消化系统不正常了，人嘴里的分泌物也就减少了，分泌物一减少，口里的有害细菌也肆虐起来，那些有害的厌氧细菌吸收营养、繁殖，就会产生恶心味道，像是臭鸡蛋的味道，就是口臭了。怪不得，邻居家的小孩儿凑近我就跑呢。

口臭是一个不健康的信号，更严重的还在后面。

有天大便完，我突然看到一个醒目的颜色——血红色！血，流血了。我知道，这是患上了痔疮。得过痔疮的人都有个深刻体会，痔疮犯了，会便血、滴血，这对年轻人还好，年轻人气血旺盛，流点血还可以承受。可老人就不同了，这样便血，很可能会血虚、气虚，人容易头晕、贫血、软弱无力、犯困虚脱等，没准儿一不注意，又摔倒了。

便秘时，大便本身就跟刀子似的刺肛门，大便燥结，这样就更容易挤伤痔核以致便血，病人大便时很痛苦，一般尽量强忍不便，使大便更加干燥，如此往复，形成恶性循环。

便秘，大便燥结，便血和便秘的这种恶性循环，使人厌食，造成脾胃功能的失常，整个机体平衡失常及营养不良，易导致肝、肾疾病、肛裂、慢性结肠炎、肠癌等的发生。

还有，痔疮犯了，分泌物增多溢于肛外，内裤衣物都被污染了，成为细菌生长繁殖的温床，还易引起疼痛湿疹。男人还好，女人很容易发生私处的感染。如果被擦破的痔核未加以处理妥当，以致因为污染而发炎、化脓，最后将形成瘘管，俗称肛瘘。

悔不该当初。现在，便秘严重了。

我一想，这药吃吃停停不是办法，长时间吃药会使人产生依赖性，肠胃它不动，你给它外力，它就开始越来越懒，这会养成一种习惯，不吃药，不给外力，肠胃不动，否则就都难受。再有，药物每天吃，会伤你的肠胃。便秘吃药不行，不能解决根本问题。

要想治疗便秘，得从根上去治疗。

早上喝淡盐水，晚上喝淡蜂蜜水，保证每天喝水喝到2升。要吃水果，吃香蕉、苹果、西瓜，蔬菜也要多吃，像芹菜、大白菜、菠菜，尤其是土豆，土豆纤维多，红舌通便，又止泻。多喝稀饭，少吃干的。

更重要的是揉腹部，让肠胃活动。一定不要急于求成，事情总有自己的发展规律，不要把事物等同看待，社会上没有一个东西在一定意义上就完全平等，再过五年十年，事情也不可能完全同等，这是不可能的。你本事大，可能还没有本事不大的人地位高，这是由各种因素造成的，咱们应该向后看，而不是向前看。

就这样，我自己发明了一套操，就是揉腹操，揉腹是揉肚脐，一只手放在肚脐上，另一只手放在命门上，命门前面也说过了，命门这个穴位，古人管这个地方叫生命的门户，常揉，常动，对人延缓生命有很大的作用。中医讲的长寿穴有好几个，一个就是命门，第二个是神阙，神阙下面还有一个气海。这就是长寿穴，所以你揉它会起很大的作用。揉这两个地方，顺时针揉100下，再逆时针揉100下，甚至200下。早晨吃完饭，我就去小公园晨练，一边揉着腹部和命门，一边给肠子一个外力。揉到你感觉腹部发热，腰部发热。方法很简单，但是起很大的作用。

这套操治疗顽固的便秘非常有用，一开始，我发现大便都是褐色还很油的那种，这是宿便，排出来是好事儿，正常人都会排出很多宿便呢，更何况我便秘这么久，这体内得有很多垃圾。再后来，一个月后，大便颜色不那么深了，次数也不那么多了，每次只要想大便蹲下三两分钟就搞定。渐渐地，痔疮也好了。

养生大师孙思邈还说过，腹要常揉，要我说呢，腹常揉，命门也千万不可丢。

便秘，这是老年病。放任下去，只会一天比一天严重，吃药是吃不好的。我就是一个最好的证明，要想身体好，延缓衰老，就要常揉腹、按摩命门。揉腹也不是麻烦的事儿，我们看着电视，聊着天，就让肠道做了运动了。

郭老演示揉腹操

读懂脾胃的"微表情"

2012年的《舌尖上的中国》是当年我最爱看的电视节目之一，几乎每期都会看两遍重播。在我看来，记录的一切是中国的传承文化，是历史的积攒，就像我们的中医一样，千百年来，传承至今，是文化，是积淀。不同的是，中医给人们带来的是消除病痛，保持健康的体态，它给我们带来的是美味和营养的饮食。

对于老年人，能吃是福，面对种种或古老、或新奇、或中式、或西方的美味佳肴，却无福消受那是一种何等的悲哀呢?

"人是铁，饭是钢，一顿不吃饿得慌。"对于我们每个人来说，这是实打实的真理，通俗易懂，并不浮夸。

五脏六腑本就同气连枝，脾胃出了问题，很可能连累其余四脏器。中医里就有这么一句话，"养脾胃就是养元气，养元气就是养生命"，所以脾胃健康亦是决定人寿命长短的重要因素。

千万不要轻视简单的和"吃"有关的脾胃问题。

心与脾的关系就像一对母子。脾负责统筹人的气血，可以供养心脏。一旦脾出了问题，便不能益气生血，缺乏母亲血液供养的婴儿必然会心血不足，便会引发心脏病变。

　　肝与脾胃更像是兄弟。之前常有病人告诉我，吃完饭还感觉饿，但肚子却是鼓鼓的，吃什么胃肠药都不管用。其实，这往往是工作压力太大或情绪不好导致的肝郁气滞问题，必须先养好肝才能解决脾胃的问题。反过来，脾胃也会影响肝脏，比如脂肪肝出现的根源就在于脾胃无法很好地消化食物，使得垃圾处理困难，堆积在肝脏里，从而影响肝的供血和其他功能。

　　脾胃与肺的关系则更像同朝为臣，肺是"宰相"，专门辅佐心脏这个"君主"。肺通过管理体内的气，协助心脏治理全身。然而，肺气的盛衰，则取决于"户部尚书"脾胃的强弱。脾胃虚的人往往会导致肺气虚，容易患感冒和其他呼吸系统疾病。

　　脾虚往往肾也虚，它们更像是供应商与生产者的关系。人的精力充沛肾气就充足。肾的精气强弱，还和人的脾胃是否健康、能否提供充足的营养滋养肾脏有关。长期脾虚会导致肾虚，表现为心里烦热、容易盗汗，或者畏寒怕冷、手足冰凉。

　　晚饭后遛弯的时候，时不时地会遇到很多老邻居，他们彼此讨论着自己最近吃过什么好吃的，或是想吃什么好吃的，中国人，习惯性地用"吃饭了吗"作为打招呼的方式。吃文化也是深入人心，就是在这么一个神奇的国度，我们也不乏遇到这种情况。

　　"老张，吃过了吗？"

　　"没呢，最近没什么胃口。胃胀不想吃。"

　　一旦提到这些，其实已经是达到人所共知的脾胃问题的症状了。假设我们可以预知自己的身体，洞察一些提前量，是不是既可以让身体更健康，又可以使得身体减轻很多不必要的痛苦呢？见微知著，真的可以吗？

　　答曰："可以。"

　　脾胃虽然看不见摸不着，但一生都在辛辛苦苦、任劳任怨地为我们的身体工作：消化食物、运输营养、生化气血，所以我们日常的饮食、保健也应当为脾胃正常运作着想。

生活总会有不顺心的时候，如果脾胃出了问题，它们也会耍耍小脾气，给我们一些暗示。而我们要学会阅读脾胃的"微表情"，于人于己都是有百利而无一害的。

五行之中，脾属土，但大家是否知道，当我们的脸色泛黄正是最明显的脾胃问题的体现呢？

朋友们最先提出的疑问是，我们本就是黄皮肤，这不是说我们中国人都脾胃不好吗？

其实，并不是所有的脸色发黄都是病态的黄，黄皮肤是我们中国人的重要特征。不过，黄色有正常的黄，也有病理的黄。正常的黄色应当是明亮、润泽、含蓄的，并且有红色掺杂其间。可是正如曾经来我这儿看病的一个小伙子，虽然他开始并没有跟我说他有脾胃问题，而是对我说总是头晕、四肢无力，甚至认为自己是肾虚，但是简单的望闻问切后，我明显看出他的面貌黄色太过，而且还有略带青黑等颜色，这就是脾胃不好的病色反映了。

"小伙子，你最近工作太辛苦吧，注意休息，我给你开一些调理脾胃的药，你有些脾虚。"

"大夫，我从小就没有胃肠毛病呀，我平时吃饭不多，应该没什么问题吧。"

这样的疑惑，是很多人都会提出的，脾胃负责运化水分谷物，我们吃饭喝水以后，就是通过脾胃消化吸收里面的精华，转变为气血，所以说脾胃是"气血生化之源"。脾一旦有毛病，身体就不能实现这种转化，人吃进去的饭、喝进去的水，不能正常运化，无法供给五脏六腑营养，于是血液减少了，其结果就是脸色变白变黄。

所以这个小伙子的问题根源是脾胃虚弱，只不过没有出现明显的病态症状，换句话说，他这算是把问题抑制在了潜伏阶段，没有让其发展起来。倒也好治疗。

我在门诊中常碰到这样的病人：有的面色苍白，口唇没有一点儿光泽；有的过于消瘦，好像一阵风就能吹倒了；有的很胖，看似体格庞大，但一点都不结实；还有的说话有气无力，精神不振，年纪轻轻却未老先衰……

所以，我通常都是通过一些微表情来观察他们是否有一些脾胃问题。例如，有的人口唇发白，没有血色，干燥，容易裂口子，牙龈肿痛，口臭。这是脾胃不好。有的人经常耳鸣，这是脾胃不好。有的人流清鼻涕，或者鼻腔干燥易出血，这也是脾胃不好。

生活压力越来越大的人们，脾胃出现问题的几率也越来越大，希望自己健康是每个人都渴望的状态，盼望长寿的我们该怎么在预知脾胃问题之后尽快地解决问题呢？

其实依然很简单，生活给予我们无限的灵感，给我们众多微表情的同时也赠送了我们无限的妙招，就像我喜欢的《舌尖上的中国》一样，很多养生的裨益脾胃的方法就在生活的点点滴滴之中。而我最为推崇的还是"按摩运动、饮食、情绪调节三件套"。

这么多年的自身经历和对病患的观察，我终于发现，其实笑是给脾胃最好的礼物。人愤怒、怨恨或焦虑时，胃和脸一样充血而发红；人悲伤、沮丧或忧郁时，胃就变得苍白，胃液分泌不足，活动也减少。中医也认为，不良情绪会影响肝的调节功能，进而会影响脾胃。可见，学会笑是给脾胃最好的礼物。

另外，多动脚趾养脾胃。我经常让脾胃不好的病人多动脚趾，相当于按摩脾胃二经。上班时，可以边工作边用脚趾抓地、抓鞋底，每次抓那么几分钟。或者在洗脚盆里放一些椭圆形、大小适中的鹅卵石，边泡脚边用脚趾抓石头。按摩足部，是古人留给我们的最好的按摩脾胃方式。

关于饮食，是我建议大家保护脾胃的第三个细节，这应该是最能让大众接受的美味又健康的方法吧。只不过需要注意的是，这不同于其他脏器的养生饮食方法，对脾胃来说，春夏秋冬各有养法。春天少吃酸，多吃点甜味食物，如山药、香蕉、大枣等，以养脾脏之气。夏天湿气较重，多吃豆类健脾利湿，同时少淋雨、少贪凉。从立秋开始多喝粥，粥最健脾。冬季寒冷，容易刺激胃酸分泌增加，平时最好早睡晚起、多晒太阳，让身体温暖，这是保护脾胃最好的方法。

骨骼长寿始于"密"度

2012年我被检查出来直肠癌，当时做完手术后，顺便做了一个骨密度检查，检查结果很意外，密度是60岁的骨密度，这让好多人都很吃惊，一个90岁的老头儿居然有着60岁的骨密度！

他们问我：你是怎么保养的？

对于我来说，答案很简单，主要是营养和运动。

在保健过程中，除了局部环节的保护之外，它们跟其余脏器的呵护有着共通的方法，那便是通过饮食摄入所需养分。摩天大楼坚固与否，取决于混凝土的质量好坏，取决于钢筋的填充量多少。同样对于人来说，身体坚固与否，决定于骨骼的健康状况，而骨骼的健康问题，则依赖于骨密度的状态。

前些年我的那次骨折，之所以快速恢复，并非靠什么良药神丹，主要得益于当时我的骨密度优于常人。

当人们谈到老年病的时候，大多数人会很重视类似于三高这些内科疾病，却忽视了像骨骼、骨质增生、腰腿疼痛之类的外科毛病，也许是受传统思维的局限，绝大多数的老人，理所应当地认为，人到中老年之后，就应该面临着腰腿酸疼的折磨，顺理成章地把衰老和腿脚不好、弯腰驼背划等号。

其实，骨质疏松并不是必须要经历的老年生活历程，就像我，至少在现在看来，我的骨密度还是维持在一个良好的状况，那么我可以说，骨质疏松和我是没什么缘分的。这和我的生活方式，以及我年轻时的生活历程有着紧密的关系。年轻时我做过一些比较劳累的体力劳动，很好地促进了当时的骨骼生长，为自己的骨骼打下了坚实的基础。

人体的骨密度峰值通常在30~35岁达到最高，随后进入平台期之后再缓慢下降。一般来说，女人骨质流失最快的时期是停经后5年间，脊椎密度平均每年减少约5%，而超过50%年过80岁的女性都会有骨折的经历。男性骨质流失的速率则较为稳定，在达到骨骼质量平均巅峰后，依据不同部位，每年流失0.5%~2%。

其实这暗示了我们，年轻时期的我们如果不趁早打下良好的基础，拥有一个强健的骨骼，那便已经输在了起跑线上。

青少年时期是一个补充、吸收的时期，青壮年时期则是一个锦上添花、充分强大自己的时期，中老年时期是慢慢消耗消费，当然，铺张浪费是不足取的，保持一个正常的生活，始终都是健康长寿的秘诀。

对于大多数人来说，存在的误区不仅是对骨密度的认识度不够，更多的错误观念在于，他们始终以为，骨密度低只是发生在中老年人群，年轻人是不需要在意的。这是很无知的体现之一。虽然我一直说不可太胖，需要保持体重，但是现在的年轻人，大有追求瘦到极致的趋势，减肥盛行，往往为了所谓的身材去饥饿节食。人是血肉之躯，若不是基因缺陷、遗传问题，总会饿得瘦到理想状态，但是正如大家所见，"瘦"是病字边的，古人造字时已然发现，营养不良势必会造成人体的病态反应。营养对于青少年来说是非常重要的，营养对于骨骼来说，更是重要非凡。

让我们重新审视一下骨密度的测试标准，它主要考察的是骨骼中的钙，以及某些微量元素和矿物质的含量。试想：一个营养不良的人，哪里有足够的营养元素供养我们的骨头呢？

时常遇到一些瘦弱的小伙子，我总忍不住想要劝解一番，让他们多吃一些，合理地搭配膳食。每每看到瘦弱的小孩子，我心中荡漾的便是一种可怜与担忧。

青壮年时期体力劳动对增强骨骼的裨益之处，这里不再多说，而老年人容易忽视的则是，缺乏户外活动，尤其是不爱晒太阳，不再补充钙质和微量元素。

我始终对我的朋友和我的病患们说，我们不应该服老，只有自己都不认为自己老，才会有动力，才会有能力让自己变得更加年轻。

年轻人该补充的，我们依然也应补充，甚至考虑到我们的消化吸收已经有所退化，那我们理所应当要补得更为细致、更为全面，但是不要过量，否则会增加肝肾负担。

有人会问，我们最应该补充什么呢？虽说广告宣传有时候不可避免地带有夸张成分，但是，我们不得不承认，那里面所提到的各种营养物质，还是符合科学的，对于我们的骨头而言，钙、锌是骨骼坚硬的重要成分，维生素、无机盐可促进骨骼对营养的吸收。

"那好，我们去买钙片、维生素来服用，是不是就可以多活几年呢？"

"其实没有这个必要。"

我并不喜欢凭借药物这些辅助的、合成的成分来补充人的生命必需物质，"是药三分毒"，任何的合成药物，总会在身体内形成一定的残留。通过食物的补充，便可以做到的，为什么要去冒那个风险呢？

牛奶、肉类、蔬菜，这样的食物很常见吧，如果说吃海产品不是那么方便，至少肉类、豆类这些食物，就能满足我们身体的营养需求。

养生切忌依赖保健品和药物的维持，人体本身有着强大的自愈能力、调节能力，莫让外物伤害自己、代替自己。把握一个稳定的饮食，合理地搭配，不要懒惰，不要过分追求一些东西，不论是从心态上还是从起居生活上，这都是让我们健康的妙招。

第五章

好身体是"夸"出来的

养生首先要养好身体，这样才会长寿。每种疾病的发生，在身体上都会有些细微的表现，我们要多去关照我们的身体和身体的表现语言，不要去对身体发脾气。时代在进步，我们也要适应这个时代，这样才会活得很快乐。心情好，精神也就好，看待事物的心情也就会不同。虽然老了，但精神不老，依旧活得很年轻。

和抑郁说拜拜

　　有一天，我正在门诊室等待下一位病人，突然听到门外楼道里一声大喊："别碰我！"是一个年轻小姑娘声嘶力竭的那种大叫，紧接着传来中年男人深沉浑厚的声音："好，好，你别这样，我不碰你。"我正奇怪到底发生了什么事，一个二十五六岁的小姑娘脸带怒气，后面跟着个中年男人走了进来。

　　这种气氛真是令人尴尬，我又不能问他们到底有什么矛盾，只能说："别着急，有什么事情慢慢说。"

　　那位男士瞥了一眼小姑娘，勉强地笑了笑，对我说："您好，郭大夫，不大碍的。这是我女儿，她今天心情不太好。"

　　男人慈爱的形象立马在我心中高大起来。

　　"你们谁不舒服？"

　　见小姑娘低着头不说话，那位男士就开口了："我家女儿有点不舒服，她最近在学校总是失眠，睡不着。她说她总听见有钢琴声响，我问过她室友了，她们说都没有听到。"

　　"失眠多久了？"

"有两个星期了吧，要不是她宿舍楼一层的保安提醒，我们到现在还不知道呢。"

"保安？怎么个情况？"

"有天晚上她梦游跑到了一层。保安看见就给拦住了，后来发现有点不对劲，因为保安跟她说什么她都瞪着个眼睛，迷迷糊糊的。就赶紧给我女儿的班主任打电话，我和孩子她妈妈这才知道。"

"那她这情况还挺严重。"

"是啊。郭大夫，您赶紧给看看吧。"

"好的，你先别着急。"我转向那个小姑娘，问她，"你还有其他不舒服的地方吗？"

"没了！"小姑娘很没好气地从嘴里冲出来这么一句。

她爸爸有点无奈，歉疚地冲我笑了笑，命令她："跟大夫好好说话！"

小姑娘也没有改面色，继续低着头。

"那我先给她开点安神助眠的药吃一个星期吧，看效果怎么样。"

我就给她开了点安神助眠的药就让这对父女离开了。

一个星期后，那个小姑娘又来了，这次她爸爸没有跟来。看她脸上带着微微的笑容，明显比上次的态度好了很多。

"你睡眠怎么样了？"我先张口问她。

"郭大夫，谢谢。我的睡眠好多了，吃了您的药后，我晚上10点钟就能睡着，好久没有睡这么足了，整个人都神清气爽了呢。"说完，对我笑了笑。

"那就好！不过还是得坚持吃一个星期。"

"好的！郭大夫。一会儿您再给我开点那药，我拿到学校吃。"

突然她安静下来看着我，一副欲言又止的样子。

我问她："怎么了？哪里不舒服吗？"

"没有没有！就是……就是……上次不太好意思。我……我好久没有睡觉了，心情有点烦躁。看我爸爸对我那么好，我还让他那么操心着急，我心里更烦。还希望您不要往心里去，上次来我的态度实在是不好。"

"没关系的，你也不要负担那么大，我能理解你。"

"其实我总听到那钢琴声，是有原因的。我高中成绩很好，总是在年级排前十名。考入大学后，我发现好多同学都比我优秀，她们不是会钢琴，会跳舞，就是很会社交。可我呢？我感觉自己什么都不会，很自卑，心情总是很沮丧。"

"每个人都有自己的发光点，不会可以学，不用自卑，我看你一脸聪明相，我相信只要你感兴趣，想学，一定不会学不会。"

"谢谢郭大夫，其实我明白，大道理我也知道，可真正自己去做，又是另一回事儿了。"

她停顿了一下，想了想，继续说道："我们楼下有一个钢琴练习室，是带大落地窗的那种。每天下课回宿舍，我都路过那里，透过玻璃可以看到里面的钢琴。有一阵儿，我路过那里经常会见到有个男生在那里弹钢琴，那男生穿着白色衬衫，弹钢琴的姿势很帅气，很让人心动。可我鼓不起勇气和他说话，自卑心理又作祟了。这些我都没敢告诉我的爸爸妈妈。今天看到您，不知道怎么回事儿，一下子特别想有个人说一说。现在说出来，心里舒服多了。"

当医生这么多年，一直觉得医生的职责不只是要减轻病人看得见的伤口，那些看不见的伤口如果可以给他们医治好，那就更有成就感。今天能得到这个小姑娘这么无顾忌的信任，真的很令人感动。

听完她讲的，我对她说："对，说出来就好了，你是个情感很细腻的女孩儿，要对自己有信心啊！你的烦恼解决不了你的病，你越烦恼，越病得厉害。你应该多看看喜剧片和英雄人物，出门看看花草山水啊，把心情放松一下。"

抑郁导致的病人很多，肝气郁结，忧郁成思，遇到这种病人，光让他们吃药是不能全好的，要做做心理工作。我让她买一些玫瑰花、菊花、茉莉花，人都喜欢闻香的东西，香香的一闻，心情就会变好，能舒缓心情。人越是吃苦寒的药物，心情越是不好。

都说抑郁是心灵上的一场感冒，其实也是病。

人抑郁，会伤什么呢？伤神。

"神"？怎么这么抽象？其实，它可以用肉眼看到。

中医上讲，人要活着就离不开这三样——精、气、神。我们吃的饭，转化成葡萄糖、脂肪、蛋白质储存在血液和肌肉里，这是能量的物质基础，也就是"精"。物质顺利燃烧后，就会转"精"为"气"，为人体进行各种活动提供动力。最后气被消耗，产生了我们的思考、情绪、感情，还有智慧，也就是我们的"神"。就像搭桥，石块、泥土、钢筋，这些用来搭桥的材料是"精"，材料准备好后，建成了桥的轮廓，这是"气"，最终人可以在桥上走路，走路的这个状态就是"神"。

你看小孩儿的眼睛，像两颗葡萄，炯炯有神，体现的是先天的神。孩子看一天电视后，眼睛失去了光彩，眼神迷离发散，"神"被透支了，就显得无精打采的。有的人打十几圈麻将或者熬夜追剧，停下来后，整个头脑不清醒，思考也停滞，也是"神"被过度使用的缘故。

人要是抑郁了，就跟那个小姑娘似的，失眠、忧郁、自卑，有时候甚至很狂躁。

有时抑郁症会与躁狂交替出现，称为"抑郁－躁狂综合征"，这是为什么呢？这正说明了抑郁症的发生与过度消耗"神"有关系。如同油灯，里面的油就是我们的"精"，产生的火苗是化成的"气"，而放出的光芒就是我们的"神"。正常人是一根灯芯慢慢燃烧，温和而长久，而躁狂病人发作时是一次点两三根灯芯，光芒四射。油耗尽时，火苗变小，变得抑郁。当油慢慢攒多了的时候，又不会省着用，于是再次躁狂发作。

据世界卫生组织统计，全世界的抑郁症患者共有34亿人，抑郁症目前已成为世界第五大疾病，而到2020年时，抑郁症可能成为仅次于心脏病的第二大疾病。有人预言，抑郁症即将成为21世纪的流行病。目前中国有超过2600万人患有抑郁症。

这个数据听上去挺吓人的，可事实上的确是这样。抑郁是心病，除了靠外力，比如说药物去治疗，更多的还需要朋友亲人的关心、帮助。当然，最主要的还是自己要把心放宽，多培养一些爱好，每天尝一尝快乐的甜味儿，让心灵的感冒赶紧痊愈。

发脾气只会烦恼了自己，得罪了别人

20世纪80年代初，我任一个部门的负责人，这个部门人员比较复杂，矛盾很多，会场常常成为吵架的场所，秉持各自观点的双方往往情绪激动，很难自控。有时他们说的话非常刺激我，而我则表现得较为淡定，沉着应对，秉持"你来气我，我却不被你气"的原则。同时，用事实加以说明，这种良好的心态和由这种心态支配下的处事方法，澄清了事实，化解了矛盾，教育、感化、团结了同志，使事态均得以平息，推动了工作的顺利开展。我一直都是学着克制自己的情绪，用修养教育、感化他人。

俗话说："花是浇死的，鱼是撑死的，人是气死的。"坏脾气的人更容易生病？这个听起来很不可思议，但是美国生理学家爱尔马通过动物实验证实了生气对人体的危害。这个实验很简单：把一支玻璃试管插在有水的容器里（冰水混合物为0℃），然后收集人们在不同情绪状态下的"呼吸"。研究发现：当一个人心平气和时，他呼吸时水是澄清透明无杂的；悲痛时，水中有白色沉淀；悔恨时，有淡白色沉淀；生气时，则有紫色沉淀；爱尔马把人在生气时呼出的"气体"注射到大白鼠身上，12分钟以后，大白鼠竟死了。由此爱尔马分析："人生气的生理反应十分强烈，分泌物比其他情绪时都复杂，都更具有毒性。因此动辄生气的人，很难健康，更难长寿。"

那么，生气会引发人体哪些方面的不良反应呢？

（1）令皮肤长出色斑。生气伤皮肤，经常生闷气会让你颜面憔悴、色斑增多。当人生气时血液大量涌向面部，这时的血液中氧气少、毒素多。而毒素会刺激毛囊，引起毛囊周围程度不等的深部炎症，产生色斑等皮肤问题。美国的医学人员对5000名脸上长色斑的女性展开的研究也证实了这一点。当这些女性处在情绪低谷时，任何药物对色斑的治疗都显得不尽如人意。而当其中一些女性的人际关系得到改善时，她们的色斑可以不治自愈。

（2）引起胃溃疡。生气时脑细胞会工作紊乱，引起交感神经兴奋，并直接作用于心脏和血管上，使胃肠中的血流量减少，蠕动减慢，食欲变差，严重时会引起胃溃疡。

（3）加快脑细胞衰老。生气会加快脑细胞衰老，减弱大脑功能，而且大量血液涌向大脑，会使脑血管的压力增加。这时血液中含有的毒素最多，氧气最少，对脑细胞不亚于毒药，愤怒时的思维混乱就是大脑缺氧的明证。脑血管压力过大，还可能导致脑溢血。

（4）令心肌缺氧。每一次生气都会引发心跳加快，心脏收缩力增强，血压升高，血液变黏稠。大量的血液冲向大脑和面部，会使供应心脏本身的血液减少而造成心肌缺氧。心脏为了足够的氧供应只好加倍工作，一通乱蹦，于是心跳更加不规律，也就更致命。

（5）伤肝。生气时机体会分泌一种叫茶酚胺的物质，作用于中枢神经系统，使血糖升高，脂肪分解加强，血液和肝细胞内的毒素增加。人在生气时最好马上喝一杯水，水能促进体内的游离脂肪酸排出，还可以减小它的毒性。

（6）伤肾。经常生气的人，可使肾气不畅，易致闭尿或尿失禁。

（7）伤肺。情绪冲动时，每分钟流经心脏的血液猛增，对氧气的需求也就增加，肺的工作量骤增。同时由于激素作用于神经系统，使得呼吸急促，甚至出现过度换气的现象，肺泡不停地扩张，没时间收缩，也就得不到应有的放松和休息，从而危害肺的健康。

（8）损伤免疫系统。人生气时，大脑会命令身体制造一种由胆固醇转化而来的皮质固醇。皮质固醇是一种压力蛋白，如果在身体内积聚过多，就会阻挠免疫细胞的运作，让身体的抵抗力下降。

性格暴躁爱生气的人，多会患高血压、心脏病、糖尿病等疾病，而性格温和的人，常能保持心平气和，气血畅通，不易生病。人们都知道生气是拿别人的错误惩罚自己。如果你是一个十分容易生气动怒的人，有没有想过试着改变一下自己的坏脾气呢？心理失衡、怨气满腹的人，寿命会大大缩短，一般寿命在50岁左右；人在恐惧中工作生活，经常受别人气，而自己又不会调节的人，寿命也会相对缩短，一般寿命60岁左右；经常自我生气，也时不时气别人的人，属于现实生活中的大多数，一般寿命70岁左右；经常让别人生气，自己却不太生气的人，大多是上层人物，属于少数，这类人寿命较长，一般80岁左右；不论别人怎么气，就是不生气，火烧眉毛仍能淡然处之，属于涵养造诣比较深的人，一般寿命90岁左右；从不气别人，自己也不生气，属于超脱的人，这种人比较难得，一般能活百岁以上。

性情急躁的人不论做什么都很难稳定下来，恨不能一口吃成胖子，恨不得一夜成名。必然导致工作上不深不细，走马观花，一目十行。性情急躁的人最突出的表现就是，不安分守己，见异思迁。过去事忘不了，眼前事记不住，今天的诺言常常否定昨天的承诺，自己健忘还要责怪别人。人在急躁的情况下，做出的决定往往漏洞百出，有时甚至造成个人骑虎难下，使自己处于尴尬境地。圣人言"不要在生气时做决定，不要在高兴时许诺言"是有道理的。性情急躁的人容易感情用事，易发脾气，出言不逊，不计后果。喜欢听风就是雨，美其名曰"雷厉风行"，一旦有个新奇的想法，就不顾自身的主客观条件，鲁莽上阵，不做冷静的分析论证，有时会造成不可挽回的影响。

既然都认为急躁不好，就应该想方设法改掉易怒易发脾气的坏习惯，避免因冲动做出愚蠢决定，带来不可弥补的损失。怎么样才能克服急躁的毛病呢？

第一，静下心来，理一理自己那些愚蠢的过往，学着分析自己说过的话和行为举止，总结一下，哪些话该说，哪些话不该说，哪些事该做，哪些事不该做。告诫自己以后应该注意些什么，从过往中吸取教训。切记：世上最难消化的水——忘情水，世上最难买到的药——后悔药，急躁生气比岁月更容易催老我们的容颜。

第二，尝试着逆向思考，学会倾听，学会思考，很多事情不是着急就能解决的，慢慢地养成三思而后行的处事习惯。切记：急躁生气是世界上最亏本的生意，脾气来了，福气就走了。

第三，调整心态，遇到问题保持冷静，着急发愁是不理智的，该发生的事情不会因为你的急躁而有丝毫的改变，甚至会适得其反。切记：魅力是才智的内涵，淡定是阅历的沉淀，心态决定命运。

第四，用知识改变自我，不断丰富自己的阅历。养成善于学习的好习惯，善读书，读好书。读书能开阔视野，陶冶情操，提高涵养。读书能豁达心胸，明辨是非，修身养性。圣人言："书犹药也，常读之可以医愚。"管住自己的嘴，世上最愚蠢的行为就是用嘴巴伤人。学会先处理自己的心情，再去处理事情，学会与他人相处，怀着一颗平常心，尝试做一些需要耐心和韧性的事情，磨炼自己的意志。从点滴入手，逐步培养心境的宁静和稳定，顺势而行，顺其自然。切记：只有学会克制自己，才能驾驭自己，才能成就自己。

老来要做"不老翁"

2013年夏天，有一个病人抱着很厚的一沓病历来找我，一进门，就把厚厚的病历往桌上一摔，然后说："你先说我这个病你能不能看？其他的医生都看不了，你要是看不了就早点说，我已经去好多地方看过了，我这病估计你也看不了，你先说说看吧。"

病人生病心情不好，说话难听一些，这也是有的，这种上来就气势汹汹，恨不得把你的能力和尊严踩在地上的，我还是第一次遇到。不过，我这把年纪了，以柔克刚这种智慧还是有的，这种情况最重要的就是冷静，不要生气。

我请他坐下，拿起桌子上的病历本，仔细看了看病史。

是胃病，不太好治疗的一种。我瞬间可以理解他了，去过那么多医院，还没有治好，不管是心理还是生理上都是莫大的煎熬，不管他说了什么，他现在就像一只刺猬似的，把自己的绝望伤心伪装起来。我开始同情这个32岁男人了。

我试着让他放下隐藏自我的伪装，有句老话说得好"伸手不打笑脸人"。我笑着对他说："热不热，你先喝点水。"见我和颜悦色，很有耐心地对待他，他也慢慢把态度放缓了一些。

我耐心地询问他的病史，跟他聊天。后来我了解到，这个病人中学就很好学，希望有一天能够通过高考走出山区。终于皇天不负有心人，他高考考上了名牌大学，毕了业，就想混出个人样来，回去给父老乡亲看看，给自己的父母争争光。好不容易通过奋斗有了自己的公司，平时业务很多，忙起来总是忘记吃饭，有时候连口水都喝不上，时间久了，就得了这个胃病。每次一忙，这个胃就在关键时候掉链子，疼起来。如果不是影响了他工作，他还不到医院去治呢。

去过了好多医院，药也吃了，针也打了，还是不管用。可又不能不管，毕竟还是要工作啊。

我说："你就是给自己的压力负担太大了。"

他说是，但是没办法，他是那年唯一走出山区的孩子。他不想在这个城市被别人看扁，灰溜溜地回到老家，让乡亲们看笑话。

我跟他说，心胸一定要放宽，年轻人要奋斗，追求财富和地位，这种努力没有错，但一定要爱惜自己的身体。但是你说这人的际遇不公平吧，其实它也公平。感到不平的时候，应该向后看。白水仓颉庙里有一幅壁画：为首者是高官坐着轿子，其次是小官骑着马，再次是有钱人骑着驴，然后是挑着担子做生意的，再然后是推着小车下苦力的，最后面是衣衫破烂双腿残疾的乞丐在地上爬行。中间那个骑驴者回头频频张望，他似乎在想："别人骑马我骑驴，比上不足，比下有余。"这幅壁画叫作《知足常乐图》。这幅画就是劝告人们知足常乐，精神愉快，可以减少疾病。

我就跟他讲，1992年起我才开始享受国务院特殊津贴。但是在这之前，我已经申请过两次，第一、第二次申请没有批。第三次申请终于通过了。但是我并没有因为没有获批而埋怨领导、埋怨组织、埋怨他人，给自己心理增加负担。我主要从自身找原因，认为自己做得还不够优秀，还需要再努力，再加把劲，批不批无所谓，干好自己的事就行，把注意力和精力放在科研和临床上，所以才有第三次的顺利通过。拿到国务院特殊津贴后我一如既往，继续认真从事我的教学、科研、临床工作。

后来这个病人定期来我这里复查、诊治，获得了较好的疗效。这以后，每年过年，他都会带着礼物来我家看我，陪我聊一聊。

如果我当时跟这个病人生气，他就不会告诉我他是如何想的了。我一向认为，爱发脾气的人都是无能的人。西医讲，人生气，身体会分泌一种物质，这种物质让人记忆力下降，身体加快衰老，对心脏也不好，而且还会影响人的形象。很多人都知道，自己是在生气，生气不好，可就是不调节，这就是懒，懒得对自己好，最后只会烦恼了自己，得罪了别人。常常脾气来了，做一些冲动的事儿，说某些气话，最后才后悔。这是人的修养问题，看得多了，不总是按照自己的意愿做事，心胸也就开阔了。

多少岁就要知道多少岁要做什么。十几岁就是要好好学习；三十几岁就要有竞争精神，熬夜加班纯属正常；人老了，六十几岁了，就要知道老人应该心态平和，不要熬夜，尽量少生气。

要与身体多"交流"

前年，我去深圳参加一个乳腺病的交流会议。

会议结束时，有个现场的礼仪小姐跑过来跟我说，她经常出现我刚才在会议上说的那些问题：胸闷疼痛、摸起来还有硬块、白带增多，她很怕自己得了乳腺癌。我跟她说，要想知道自己是否真得了这个病，一定要去医院做一下详细的检查才行，不过呢，她的这些症状都是小毛病，但是也不能忽视轻视，人体经过几百万年的进化，已经是拥有高级智能的生物体了。你看，你闻到烟味儿会辣眼睛，这其实就是在给你信号，带烟味儿的那个物体可能对人体有危害，是在警示你离那个东西远点；你生病咳嗽，咳出来的全是痰，这是因为痰对于人体来说是外来物，会堵住你的气管什么的，而人体呢，它通过咳嗽震动，把那些脏东西都赶出体外，是对人体的保护；还有，当天气冷的时候，人会打哆嗦，这是由于身体远比你的大脑更加反应及时，更加诚实。它是在提醒你，天冷了，不能冻着，冻着就生病了，同时通过哆嗦，产生运动，然后再产热，给人体一定的温暖。

这些都是人的身体和大脑的交流，如果你能及时地注意到这些信号，并且留心这些信号导向危机的箭头，那你一定活得健康。

我接着跟那个女孩儿说，你现在的这些信号都表明这是小危机，你的身体一直在保护着你，在危险面前它是醒着的，所以你一定要重视。平时呢，注意按摩一下胸部，让它保持气血畅通，不要老生气，最重要的是要去医院检查一下。

她说我挺平和的，笑了笑，然后就离开了。

人是一种有生命力的生物，是由许多器官和组织组成的，他们之间相互协作，完成各自的功能，使人显得富有活力，像目能视，耳可听，鼻可闻，手能握，足能走，胃能纳，肠能运。但在某些情况下，也会出现不和谐，如果放任不管的话，时间一久，会产生疾病。

这些不协调的因素，有的来自于自身，如刚出生的小孩儿还没有发育完全，他们在中医上被称为稚阴稚阳，调节和抵抗力就不像我们大人一样强，很容易感冒咳嗽。而当人体各个组成部件渐渐衰老退化，机体功能减弱，活力降低，就好比刚买的新豆浆机能榨出两杯豆浆，时间久了，工作能力降低了，可能就只能打出一杯豆浆了。人衰老的时候就容易发生慢性老年性疾病。

生理状态不同，易产生的疾病也不同，如妇女有月经、哺乳，就易产生耐受性不同。有的人受到小小的精神刺激，就反应激烈，出现异常的情绪反应。

过冷、过热的季节和环境因素都会对人体的生理活动带来一定的影响，过度疲劳，长时间的加班加点劳动或工作，持续的不良精神情绪刺激，都会影响人的健康。

对于这些对人体有着影响的各种因素，我们一定要多加了解，应多注意自己身体各个部位的变化，尤其是头部、肠道、心脏和胃，这些均应注意，留意是不是和以前不一样。有时候身体可比你的大脑更要真诚靠谱的，疾病发生时常常在连自己都不知道的情况下就已经有表现了，只是没有明显地表现出来，加上我们自己不注意、不知道，有时仅表现在一个小小的部位，症状比较轻微，严重以后才会出现明显的症状和体征。

看指甲的白月牙形状、大小，就能看出来你身体健康的状况。

中医认为："爪为筋之余，为肝胆之外候。"简单来讲，你的手指甲就是一个身体健康的监控表盘，观察它们的变化，可以知道和预测你五脏六腑气血盛衰的情况，要想知道一个人是不是处于亚健康状态，这个指甲的月牙就可以充当人体健康的晴雨表。

如果你身体是健康的，那你可以伸开手指头数一数，看看你的月牙是不是有七八个，有，你就健康。另外，中医上有个科学的说法，除了大拇指外，其他手指都没月牙的人，则很容易肾虚。

有人就说了，我的月牙不够七八个怎么办，我是不是就不健康了呢？也不能这么绝对。根据中医手诊原理，正常指甲应是红润含蓄，坚韧而呈现弧形，平滑而有光泽，指甲上的月牙清晰。如果一个人精力充沛，每天做事儿都特别有活力，他的月牙就越白。反过来呢，要总是乏力无生气，那他的月牙肯定就模糊，而且情况越严重，月牙就越差越模糊。人的身体有疾病时，一般都能通过月牙显示出来，或颜色变化，或月牙减少，当人的身体通过调理恢复健康后，月牙则会慢慢地重新显露出来。

中医有种说法，如果一个人健康，什么毛病都没有，他两只手的拇指就一定有月牙，示指和中指也应该有月牙，而无名指呢，就是我们戴婚戒的那个手指，反而是没有月牙的。双手要是有8～10个月牙为最好。一般而言，拇指、示指、中指都有月牙，共6个月牙就算基本健康。

那健康的人月牙应该多大呢？大致是指甲的1/5，如果月牙面积小于指甲1/5，那说明这个人精力不足，总是会突然乏力，肠胃功能也不是很好，吸收的能力就比一般人差一些。但是月牙大了也不是好事儿，月牙如果大于1/5时，多意味着心肌肥大，易患心脑血管、高血压、中风等疾病。

如果月牙有段时间突然变得颜色暗沉，面积越来越小，甚至消失了，这就有问题了，这时候往往暗示你有消耗性的疾病要发生，像肿瘤、内出血等。

一个小小的月牙就可以说明这么多问题，我们人体好多的组织和器官，都可以反映出来问题。当然，这需要我们和身体多交流。在疾病来之前，我们就把它扼杀在摇篮里，早发现，早治疗。

其实，"早发现，早治疗"，这是我一生，特别是后半生养生保健越来越有体会的感悟之一。也是与自己身体交流的一种方法。

要提前展开预防，要知道哪些习惯是不好的，像我经常加班，低头时间长，用眼过度。我就是坚持做眼部、颈部保健操，现在眼睛还挺好的，看什么都不是问题，只是稍微有一点点花眼，颈部也一切正常。

我50岁左右时腰部疼痛，当时并没有在意，后来确诊为早期退化性腰关节增生，从那时我就想，不能再让它更严重了，我坚持每天揉关节，一揉就是40年，现在我的关节活动正常，原来的关节增生已经没有了，一旦发现不对劲，赶紧就采取措施。要学会自我检查，简单点的小病，就可以做些简便易行的自我治疗，如揉揉相关穴位，局部按摩，做些动作，从饮食上注意辅助治疗，这些都是与身体的交流得来的。

郭老40年如一日坚持做"保健"操

郭老参加名老中医临床经验传承研讨会

别与这个时代脱节

就像赵本山的小品《钟点工》里的经典台词"屋里憋屈型"一样，"空巢老人"是当代社会经济快速发展背景下产生的新名词。空巢原本指小鸟离巢，如今却形象地用来描绘那些子女不在身边、空虚寂寞的老人。

调查显示，自2001年起，我国正式进入快速老龄化阶段。预计到2050年，中国的老龄人口总量将超过4亿，老龄化水平将超过30%以上。而现在，全国1.67亿60岁以上的老人中，已有一半过着"空巢"生活。

对于更多的老人来说，物质养老不再成为问题，精神上的依托、心理上的慰藉才是迫在眉睫的需要。再优越充足的物质生活都无法掩饰老人内心对空虚和孤独的极度恐惧，以及对尊重和关爱的迫切渴望。"有人花钱找乐，有人花钱吃喝，还有人花钱找人唠嗑"。前一阵子，就有一位寂寞的老人在商场里，专门找人陪他聊天。

现在的年轻人追求时尚喜欢非主流喜欢高科技，总觉得老人家们与时代脱节了，觉得跟老人沟通有代沟。自从互联网巨头马云在网上曝出

"打的软件让自家母亲打不了车"，到大学生为老人手绘"微信使用说明书"、打车软件和"QQ使用说明书"，老人与科技和新生活的话题，再次成为舆论的焦点。网络时代，老人被挤在科技大门之外，我们每天晨起打拳舞剑锻炼身体，却被一些人认为是落伍生活方式的"捧场者"。

"我们真的落伍了吗？"

"我们被时代抛弃了吗？"

以前我是真的没有感觉到自己与时代脱轨得那么严重。直到有一次，因为家里没有人有时间，我自己去交电费。当时我拿着电费本去银行交电费，我拿的号是78号，前面还有40多人，起码得等一个多小时。我只好捏着旧存折、拿着排号纸坐在座位上等待，当心力憔悴的我办完这些回到小区，我已经用了整整3个小时的时间。刚进小区碰到张大妈说了刚才的过程，劝她下次存电费早点去，可是她说她交电费早就不去银行交了。我当时还很奇怪不去银行去哪里呢。结果她说家住我们小区的26岁年轻小伙子小李已经用银行卡在银行自助缴费终端上完成了缴费。小李说自从网络可以缴纳生活费用之后他就再也没有去过银行。相较于我花了大半天时间排队缴费，小李仅仅用了不到5分钟的时间。听到这事我觉得很震惊，原来我与社会竟脱节到如此地步。

自这件事之后我特别感慨，自从退休后我的整个生活都回归到家庭，日子也变得比以前轻松。虽然也定期去出诊，但总觉得离社会越来越远；知道现在科技更新速度很快，但总觉得那些东西离我很遥远，自己的生活方式还是原来那样。有时出门办个事，感觉力不从心，人家讲了许多，我要过好一阵子才反应过来。再看看现在的年轻人，谁还用存折啊，我孙子说估计以后连银行卡都不用了，看来我真的是落伍了！

在现代的年轻人眼中，我现在是"脱节时代"的一员，但是我还有着一颗"不服老"的心，无论如何，我不能主动逃离现代化的生活，我与年轻人之间不能隔着一道网络的鸿沟啊，我要回归现代化的生活。为了不成为"脱节时代"老人族里面的一员，我开始学习网络、微信，学习网络用语，我从对微信、网络一窍不通到可以知道这些东西的用处，用了将近半年的时间，因为操作复杂，在最开始的学习中我遇到不会的会不停地"不耻下问"，几乎每天都会玩上半个小时。"虽然我现在的电脑水平还是幼儿园水平，但是所谓活到老学到老，社会在进步，我不能后退，我们老人也要适应时代的步伐，不能掉队。要跟上时代的步伐，每天我都要给自己恶补现代知识，早上我还是会照常出门做早操，跟身边的年轻人多聊天，多了解现代知识，从中知道现代的流行时尚。除了网络，我每天都会看几个固定的电视频道，关心国家的大事小情。努力地在我这个年纪不要让自己与这个时代脱节。

其实，在大家为"如何安度晚年生活"出谋献策的同时，作为"空巢"的主体，老人们更应该主动出击，改变养老观念，积极发现并寻找老年生活的快乐。在主动搞好人际关系、健康条件允许下，做一些自己真正感兴趣的活动，从中得到乐趣和自我满足。有了这些法宝，相信每一个老人都能达到"乐天安命，怡然自得"，"空巢"不"空心"。

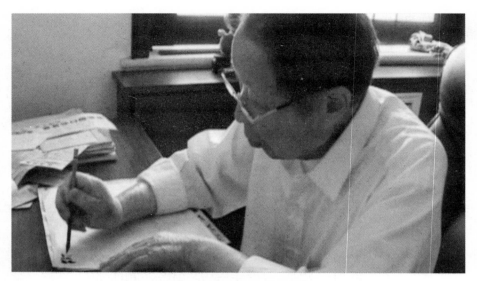

为了不与时代脱节，郭老经常看新闻、写书法

郭老闲来无事时练习书法

养生如存折：健康是"零存"，
　长寿是"整取"

　　我家附近有个公园。要说这个公园最热闹、最有活力的时间，莫过于早上7点钟那会儿了。那个时间，有几十个老头儿、老太太在公园广场上活动筋骨，有打太极的、散步的、在器材上伸腰拉腿的，也有纯粹只是抻抻拽拽、拍拍打打的。

　　人们分散开来，各练各的。突然有一天，有两个人说我练操看上去还挺有门道，要跟着我一起练，那就一起练吧，多个人也有意思。紧接着，跟我练操的人越来越多，我心里开始纳闷，练了这么多年操，怎么一下子多了这么多人跟着我练？

　　后来一问才知道，原来他们看了我在养生堂节目上分享的一套养生健身操，北京台的人给我那套操起了个名字，叫"一拍三揉"。这个"一拍三揉"经节目一宣传，火了起来，他们也看了，就开始跟着我本人练起了这套操。

　　好多人一见着我就问我说："郭老啊，从电视上看到您有一套养生保健操，看您90多岁了，这么有精神，相信一定与平日里的锻炼密不可分。这套养生保健操您是怎么运用得这么好呢？"

在我看来，人往天上走，肚子不再是烦恼后，开始考虑的就是更高水准的问题——如何活得更好。近几年来人人都在学习养生保健之法，大家对身体健康的关注度越来越高，这是好事情。

要回答这个问题，答案说简单也简单，但说难也难。最重要的就是坚持，做任何事情一定要能坚持下去。

不管春夏秋冬，我坚持每天早上6点起床，几十年来如一日。早些年，我每天坚持早晨出去跑步、做操，就在我们的北院（陕西中医药大学北校区），做做眼、鼻、耳、口唇、牙齿，头部、颈椎、腰背的保健操。我现在身体能这么硬朗，我想与之前的运动是分不开的。大家都在养生堂的节目里见过我，开始前主持人让观众猜我的年龄，观众都没猜着，我想，如果每个人都能坚持锻炼，坚持做操，饮食清淡，生活规律，那么大家都可以有很好的身体，并且长寿。

一个人只有健康没有长寿，是遗憾的生命；只有长寿没有健康，是痛苦的生命。有健康，又长寿，心态又好，是人生赢家。

每个人都希望自己健康长寿，其实健康长寿并无秘诀，是靠自己在数十年的漫长生涯中点点滴滴积攒起来的，有人称这种健康长寿之法为"零存整取"，的确形象而幽默，对于"零存整取"这个词，很多人一定都不陌生，人的健康如同一个零存整取的存折，只有不断地储蓄补充，才能使存款的余额逐渐增多。

既然是零存整取，就应该按期储蓄，而不能提前支取，更不能透支。有些人不善于管理自己的健康财富，他们或取多存少，或只取不存，过早地把健康资本消耗殆尽。有人饮食无度，吸烟酗酒，暴饮暴食；有人生活不规律，熬夜睡懒觉……凡此种种，都可以说是对健康财富的透支和浪费。

其实养生并不复杂，但是要每天坚持去做，日积月累才行。我的"一拍三揉"养生操，我一做就做了40年之久。有的人总把工作紧张没时间锻炼作为借口。其实，如果你每天不能有大段的时间来锻炼，那么不妨见缝插针，利用零星时间积攒自己的健康资本。

古人云："饮食有节，起居有常，不妄作劳，故能形与神俱，而尽终其天年。"要想打理好自己的健康财富，必须从点滴做起，持之以恒。

人类平均寿命最长应该是多少？

从上古时代至今，人类的平均寿命有了很大的提高。据考古学家研究，50万年前的北京猿人平均寿命只有17岁左右。人类进入文明社会以后，平均寿命有所延长。据有关资料证实，古罗马人是15～30岁；中世纪英格兰人的平均寿命估计是33岁；20世纪初美国人的平均寿命估计是48岁左右。据联合国统计资料，到1995年，全世界人均寿命已达到65岁。2007年，世界人均寿命最长的是日本，男性平均79岁，女性平均86岁。在我国，1947年平均寿命为35岁，2007年提高到72.5岁（男71岁，女74岁）。

另一种推算方式是计算体细胞的分裂次数。比如，太平洋的一种海龟，其个体细胞一生分裂72～114次，寿命可达250岁；鸡的细胞一生分裂15～35次，寿命最长可达30年；人类细胞一生可分裂50次左右，据此推算，寿命至少达120岁。

除此之外，还有性成熟说等推算人类寿命的方法。不管采取何种推算方法，人类理论上的寿命极限都不低于120岁。但实际上，无论就人类全体或某个民族而言，甚至所谓长寿民族或长寿地区，活过百岁的个人仍属极少数。

时至今日，我年过古稀却依旧有健康的身体、聪慧的耳朵，也活到了长寿之年。

因此，人的平均寿命远未达到理想的水平。但是，我相信，在不久的将来，人们完全可以通过医学技术的进步、健康观念的确立以及个人生活方式的改善，可以获得更长的寿命。

中医经典医籍《黄帝内经》里也讲道："上古之人，其知道者，法于阴阳，和于术数，食饮有节，起居有常，不妄作劳，故能形与神俱，而尽终其天年，度百岁乃去。"也就是说，人要按照自然界的变化规律而起居生活，日出而作，日落而息。根据四季的变化而适当增减衣被。用正确的养生保健方法进行调养锻炼。做各种运动也好，工作也好，不要过度劳累，要适中。

其实最重要的还是要坚持，就像糖尿病人吃降糖药似的，那降糖药对他们来说就是补药，这补药一断，血糖一定上去，你的身体本来早已经适应A的血糖浓度了，血糖上去，身体还得去适应B浓度，对身体来说，这就是多余的工作压力了。养生健身一定要坚持，就要像存钱一样，把每天对健康有益的点都存起来，时间久了，你这张存折里所积攒的结果就是长寿。

第六章

国医大师的四个养生秘诀

　　95岁的郭老，来教我们日常养生秘诀。从早上起床开始，郭老有好办法让起床更加适应我们的身体，让健康常在。喝茶是一门学问，它并不只是闲暇时间培养情怀的一种形式，它也可以帮助我们养生，减少食用药物的次数。寻找一些身边见得到却又不了解作用的蔬菜，它们可以丰富饮食，也能帮助养生。

起床三部曲，决定你一天的健康

原来单位的同事老周今年57岁了，年纪大了，还一身病，脑血管硬化，还有前列腺肥大，这个前列腺肥大很影响日常生活，近来夜尿特别频繁。

上个月有一天晚上，他起来上厕所，当时憋得比较急，匆匆起床就昏倒在卧室门口。他老伴儿睡得正香呢，突然听到"砰"的一声，吓醒了，赶紧开了卧室的灯，天哪，老周躺在地上一动也不动，叫了一声也没有反应。这才明白过来，老周晕倒了！他老伴儿急忙起来去敲儿子屋的房门，把老周送医院抢救。

很幸运，总算是抢救过来了，但是老周也留下了病根，左侧偏瘫，让人痛心。

他儿子对他爸爸起床摔晕过去很是不理解，知道我也了解点西医的东西，就跑来问我到底是怎么一回事儿。

我说："这跟起床不当有关系！"

老年人，年纪大了，不像年轻人那样器官那么年轻，身体本身就比较弱，所以，晚年就容易患上心脑血管疾病什么的，这其中最常见的老年病有高血压、动脉硬化、高脂血症、糖尿病等。

人的血管就跟一条条橡皮管似的，也是有弹性的，你用时间久了，它的弹性就会变弱，质地会变脆，张力也变差。管壁会变得僵硬，大家都见过小孩儿玩橡皮管，橡皮管变僵硬了，你抻拽它，它就没有那么大的弹力了，也就是它的收缩功能变差了。这时候，内膜也可能已经有了粥样斑结，这些结块就形成了一个个障碍物，血液流过的时候，它会阻碍流速。接下来还会有更加糟糕的事情紧随而来，就是管腔变窄了，这是造成血管堵塞的原因，也常常是脑梗死的罪魁祸首。

而老周摔倒又是在晚上，深夜人们都会睡得很熟，尤其是3点多钟，这时候人的新陈代谢减慢，身体已经进入了休息的模式，血液会相对缓慢流动，流速变小后，血压也就相对偏低，神经、肌肉等都在自己最舒服的状态下，开始安安静静享受睡眠。

如果这时候起床，你在迷迷糊糊、似醒非醒的状态下猛一下起来了，其实你的身体还没有醒来，快速走几步，这不单单是容易磕着碰着，更危险的是，身体长时间平卧血压偏低，你突然改变了体位，把躺着的身体从床上强行拉下来，让身体站着，这个变换很容易让大脑发生短暂性缺血，从而在迷蒙中发生缺血后的倾倒症状。轻者会眩晕、头昏、摇晃不稳；重者摔倒在地，在脑缺血性中风的基础上又陡增了急性脑外伤。

老周就是上面的这种情况。

所以说，这老人在起床时，一定要注意，能清早起床就不要大半夜起来，睡眼惺忪地一下子就起来了，这其中的风险就很高！

如果真要起床，控制不住，要喝水，或者上厕所，也要遵循起床三部曲，才不会发生意外。

起床第一步：睁开眼，不要着急动，先在平卧的状态下，让眼珠动一动，看看天花板，或者看看窗户外面，这样持续3分钟，直到自己觉得已经完全清醒了，从睡觉的状态到觉醒的状态已经过度完了，就可以进行第二步了。

起床第二步：确定自己意识清醒、脑子思路清晰后，缓缓地从被窝里面坐起来，身体半卧，再让眼睛适应一下这个姿势下的情景，看看周围的环境，这中间你也可以活动活动脖子，这样又持续2分钟，人又清醒了一些，再进行最后一步。

起床第三步：将双脚放在床沿后，静静坐1分钟，直到自己认为睡意已经减去大半部分，头脑变得更加清晰了，这时，你的身体也已经醒过来了，血压没有那么高，血流速度也不会较慢了，这就正常了，你可以慢慢地走下床，去做自己想做的事情。

这个起床三部曲也可以称作321操。

起床后，也有一些注意的事情。比如，起来后，人的血液在清晨比较黏稠，容易形成血栓，如果这时候喝一大杯温开水，水经过10分钟就可以通过胃和肠道吸收，进入血液，给黏稠的血液稀释一下。这样，会减少中风和心肌梗死的发生。

还有一个问题，清晨起来后，人会有排宿便的习惯，可确实存在这样一种情况，临床上，有很多患者因排便太用力，而发生脑出血。早晨起来，血压本来就高，这时候如果用力排便，腹部的压力会加大，整个身体的血压会加快升高，你再是脑血管病患者，比如脑内小动脉硬化，一用力，就可能发生脑内小动脉破裂出血。这种情况，尤其容易发生在有便秘的人身上。所以，大便干燥、排便不畅时，千万别太用力，要从根本上去解决这个问题，饮食上多吃粗粮、高纤维食物，或者经常揉揉腹部，治疗一下便秘。

还有好多人，起床后不吃早餐。不吃早餐对大脑的危害很大，有数据显示，脑组织的重量只占人体重量的2%~3%，但脑的血流量每分钟约为800毫升，耗氧量每分钟约为45毫升，耗糖量每小时约为5克。青少年的脑组织正处于发育期，血、氧、葡萄糖的需求量比成人还高。如血糖过低，脑意识活动就会出现障碍，长期如此，势必影响脑的重量和发育。

　　再说说不吃早餐对消化系统的危害。正常情况下，头天晚上吃的食物经过六小时左右就从胃里排空进入肠道。第二天若不吃早餐，胃酸及胃内的各种消化酶就会去"消化"胃黏膜层。长此以往，细胞分泌黏液的正常功能就会遭到破坏，很容易造成胃溃疡及十二指肠溃疡等消化系统疾病。不吃早餐对人体的危害很大，总之，这是一种对健康极其不利的坏习惯，毕竟"一日之计在于晨"。

　　为了你的健康，请所有老年人都来做好起床三部曲，起床后，也要注意一些小细节，这样才能够健康长寿。

　　老周的儿子听了我的一番话，说道："原来一个不起眼的起床也有这么大的危险！您说的这起床三部曲，我回家一定要告诉家人，让他们也留心起来。"

保健长寿茶

我遇见过这样一个病人。已经快要立冬的前一天，一个约70岁的女人由女儿搀着来到门诊室。我第一眼看到她的时候，发现老太太脸色无血色，嘴唇发白。我第一印象感觉她有些贫血。

女儿扶着老太太坐到椅子上，简单叙述了原因。原来老太太喜欢插花，把养好的百合花修剪好之后，插入花瓶。放在客厅中，也有很好的观赏性。这么多年，她也一直保持着这个习惯。前段时间，老太太拿花瓶的时候，没拿住掉在地上，虽然穿着拖鞋，但还是把脚砸伤了。后来，脚伤虽然好了，老太太却经常头痛，手脚冰凉，还特别怕冷。这也快到冬天了，女儿着急，就来看看中医。

我给老太太号了号脉，看看眼中的血丝，发现她确实有贫血的症状，而且体质偏寒。体质偏寒的人，血液循环不好，手脚冰凉，特别怕冷。

中医讲，体寒怕冷，要由内而外。就是说，先补脾胃，使吃进去的食物被人体更好地吸收，这样食物中的能量就会转化成热量，也就不怕冷了。冬天，由于天气寒冷，体寒的症状会更加明显。我又问了问老人的一些症状，老太太血压不高，无腹泻等症状，可用枸杞。我便给她开了一个早中晚保健茶。

半个月过后，再看到老太太时，她的面色已经有些改善，发冷的症状也缓解许多。

早上保健长寿茶：

用料：生姜50克，薏米40克，红糖20克，白醋15克。

做法：把生姜切成小细丝，薏米洗干净，放在壶里，加入600毫升水放在火上煮一刻钟。然后在杯子里加红糖、白醋，等壶水温度40摄氏度左右时再倒入杯中，早餐前20分钟空腹代茶饮用。

中午保健长寿茶：

用料：枸杞20克，荷叶30克，大枣30克，蜂蜜30克，白醋15克。

做法：把大枣去核以后切成小粒，荷叶洗净切成小片，和枸杞一起放入壶里，加入600毫升水放在火上煮一刻钟。然后在杯子里加蜂蜜、白醋，等壶水温度40摄氏度左右时再倒入杯中，午餐后即可代茶饮用。

晚上保健长寿茶：

用料：山楂去籽50克，大枣30克，蜂蜜30克，白醋15克。

做法：把大枣去核以后切成小粒，山楂去籽以后切成小粒，放在壶里，加入600毫升水放在火上煮一刻钟。然后在杯子里加蜂蜜、白醋，等壶水温度40摄氏度左右时再倒入杯中，晚餐后即可代茶饮用。

切记：长时间早中晚服用保健长寿茶，可使皮肤红润、有光泽，对治疗老年人常见的肾气不足、肝脏郁结、身体虚弱有良好效果，同时，也可促进血液循环、益气补血、暖脾健胃，对保健强身有显著功效，还有祛湿排寒、补脾益肺的功效，可促进气血的流通，改善血液循环，尤其对手脚冰凉寒性体质的人有很好的保健作用，是简洁方便的长寿佳品。

● 大枣的功效

大枣补中益气，养血安神。用于脾虚食少、乏力便溏、妇人脏躁，有补中益气、养血安神的作用，生姜具有温中止呕、散寒的作用，二者合用，可共同促进气血的流通，全身的血液循环也就得到了相应的改善，手脚当然也就随之温暖起来。

大枣的作用：

1. 提高免疫力。

2. 防治脑供血不足。

3. 防治心血管病。

4. 防治骨质疏松和贫血。

中老年人经常会有骨质疏松，正处在生长发育高峰的青少年和女性容易发生贫血。大枣中富含钙和铁，对他们均有十分理想的食疗作用，其效果通常是药物不能比拟的。大枣对病后体虚的人也有良好的滋补作用。

另外，大枣含维生素E，有抗氧化、抗衰老等作用。大枣中含有与人参中所含类同的达玛烷型皂甙，具有增强人体耐力和抗疲劳的作用。大枣对妇女的美容养颜以及更年期的潮热出汗、情绪不稳也有调补和控制作用。

● 枸杞的功效

枸杞补肾益精，补血安神，生津止渴，润肺止咳，滋补肝肾，益精明目。用于腰膝酸软，头晕，目眩，目昏多泪，虚劳咳嗽，消渴，遗精，虚劳精亏，内热消渴，血虚萎黄。

枸杞的作用：

1. 抗脂肪肝的作用。

2. 免疫调节作用。

枸杞的不良反应：

1. 由于枸杞温热身体的效果相当强，患有高血压、性情太过急躁的人，正在感冒发热、身体有炎症、腹泻的人，或平日大量摄取肉类导致面泛红光的人最好不要食用。

2. 枸杞可滋补肝肾,但肝肾不虚也就没有必要食用。

3. 它毕竟是药品，药品治疗疾病是靠其偏性，也就是我们常说的药性。补阴药也为虚证而设，凡身体健康无虚证者，不宜应用。邪实而正气不虚者，不宜乱用补虚药，以防"闭门留寇"。

4. 虚寒的人服用会有滑脱泄泻之弊,有内热未清者慎用。

5. 有的人枸杞吃太多造成眼睛红红胀胀不舒服，视力模糊。所以说，有内热者慎用，不可常吃，是药三分毒。

最适合吃枸杞的是体质虚弱、抵抗力差的人。而且，一定要长期坚持，每天吃一点，才能见效。

● 薏米的功效

薏米具有容易消化吸收的特点，是常用的中药，又是普遍常吃的食物。无论是用于滋补还是用于医疗，作用都很缓和。薏米性味甘淡，微寒，有利水消肿、健脾去湿、舒筋除痹、清热排脓等功效，为常用的利水渗湿药。同时，薏米又是一种美容食品，常食可以保持人体皮肤光泽细腻，起到消除粉刺、斑雀、老年斑、妊娠斑、蝴蝶斑的功效，对脱屑、痤疮、皲裂、皮肤粗糙等也有良好的疗效。

薏米的作用：

1. 薏米因含有多种维生素和矿物质，有促进新陈代谢和减少胃肠负担的作用，可作为病中或病后体弱患者的补益食品。

2. 经常食用薏米食品对慢性肠炎、消化不良等症也有效果。薏米能增强肾功能，并有清热利尿的作用，因此对水肿病人也有疗效。

3. 经现代药理研究证明，薏米有防癌的作用，其抗癌的有效成分中包括硒元素，能有效抑制癌细胞的增殖，可用于胃癌、子宫颈癌的辅助治疗。

4. 健康人常吃薏米，能使身体轻捷，减少肿瘤发病几率。

5. 薏米中含有一定的维生素E，是一种美容食品，常食可以保持人体皮肤光泽细腻，消除粉刺、色斑，改善肤色，并且它对于由病毒感染引起的赘疣等有一定的治疗作用。

6. 薏米中含有丰富的维生素B，对防治脚气病十分有益。

● 荷叶的功效

荷叶味苦辛微涩、性凉，归心、肝、脾经；清香升散；具有消暑利湿、健脾升阳、散瘀止血的功效；主治暑热烦渴，头痛眩晕，水肿，食少腹胀，泻痢，白带，脱肛，吐血，衄血，咯血，便血，崩漏，产后恶露不净，损伤瘀血。

荷叶的作用：

1. 降血脂

荷叶碱是荷叶中提取的生物碱，荷叶碱可扩张血管、清热解暑，有降血脂的作用。

2. 防治心血管疾病

荷叶是"药食两用"的食物，荷叶中富含的黄酮类物质，是大多数氧自由基的清除剂，可以提高SOD（超氧化物歧化酶）的活力，减少MDA（脂质过氧化物丙二醛）及OX－LDL（氧化低密度脂蛋白）的生成，它可以增加冠脉流量，对实验性心肌梗死有对抗作用；对急性心肌缺血有保护作用；对治疗冠心病、高血压等有显著效果；对降低舒张压，防治心律失常、心血管病等也起重要作用。

3. 减肥

荷叶中的生物碱有降血脂作用，且临床上常用于肥胖症的治疗。荷叶减肥原理是，服用后在人体肠壁上形成一层脂肪隔离膜，有效阻止脂肪的吸收，从根本上减重，并能有效控制反弹。

保持身体年轻的秘密，养生菜团子

我有一个朋友，有段时间经常拉稀，非常难受。因有些轻微高血压、高血脂、高血糖，体质还有些轻微过敏，所以药也不敢随意吃。他让我帮忙开一服中药，最好可以食补。

我给他号了号脉，他并没有脾胃虚寒的症状。脾胃虚寒就是因为饮食习惯不良，经常吃冷饮或者冰凉的食物，从而导致腹胀、胃痛，口中味觉减退且不会产生口渴等症状。

我便推荐他食用马齿苋，用马齿苋做成菜团子来食补，而且还有助于降低血压、血脂、血糖。

用料：

凉菜马齿苋加上槐花、苜蓿、土豆、莴笋、芹菜、油麦菜、茵陈（蒿子干）等其中一种，加玉米面。

做法：

1. 玉米面和面粉放入盆中混合，在盆中倒入温水调成稍微硬点的小面疙瘩。

2. 开始发酵到两倍大小。

　　3. 将马齿苋加上上面任何一种菜调成自己喜欢的馅儿，用发酵好的面包成馒头状，放入蒸锅中蒸熟。

　　切记：菜团子属于陕西特色，长时间服用，可以做到医食同源、补血益气，还能避免患上高血糖、高血脂、高血压。

● 马齿苋的功效

　　马齿苋对痢疾杆菌、大肠杆菌和金黄色葡萄球菌等多种细菌都有较强抑制作用，有"天然抗生素"的美誉。夏秋之季，用它治疗的病症有：肠炎、痢疾、尿血、尿道炎、湿疹、皮炎、赤白带下，各种痈肿、疮疖、乳痛、痔疮出血、毒蛇咬伤以及肺结核等。

● 槐花的功效

　　中医认为其味苦、性微寒，归肝、大肠经；入血敛降，体轻微散；具有凉血止血、清肝泻火的功效；主治肠风便血，痔血，血痢，尿血，血淋，崩漏，吐血，衄血，肝火头痛，目赤肿痛，喉痹，失音，痈疽疮疡。

　　食用禁忌：

　　槐花虽然美味，但在食用时也有一些禁忌。由于槐花比较甜，糖尿病人最好不要多吃。粉蒸槐花不易消化，消化系统不好的人，尤其是中老年人不宜过量食用。同时，过敏性体质的人也应谨慎食用槐花。

● 苜蓿的功效

　　味甘、淡，性微寒。能清胃热，利尿除湿。用于胃热烦闷、不欲饮食、湿热所致的小便不利、石淋，或湿热发黄。

1. 防出血

一切出血症候，如鼻血、龈血、吐血、咯血、便血、子宫出血、肛门出血。西药常用维生素K治疗，因为西药认为维生素K有凝结血管的作用。其实维生素K在食品中，含量最丰富的，就是苜蓿。

由苜蓿来预防出血症候，实验的结果认为收效很好，对各种小出血和肺胃及十二指肠出血，都能获得预防的效果。

2. 清内热

苜蓿是清凉性的蔬菜，进食之后，确能消除内火，尤其在燥热季节，用以佐膳，功效显著，更胜于西洋菜。

苜蓿经油炒后，趁热进食，味极鲜。冷却后，进食其味亦佳，其汁有清沁心脾之感。在燥热季节，如果觉得唇干舌燥，用以佐膳，是维护健康的上品菜肴。

● 莴笋的功效

莴笋味甘、性凉、苦，入肠、胃经；具有利五脏、通经脉、清胃热，清热利尿的功效；用于小便不利、尿血、乳汁不通等症。

1. 开通疏利，消积下气

莴笋味道清新且略带苦味，可刺激消化酶分泌，增进食欲。其乳状浆液，可增强胃液、消化腺的分泌和胆汁的分泌，从而促进各消化器官的功能，对消化功能减弱、消化道中酸性降低和便秘的病人尤其有利。

2. 利尿通乳

莴笋中钾含量大大高于钠含量，有利于体内的水电解质平衡，促进排尿和乳汁的分泌。对高血压、水肿、心脏病人有一定的食疗作用。

3. 强壮机体，防癌抗癌

莴笋含有多种维生素和矿物质，具有调节神经系统功能的作用，其富含人体可吸收的铁元素，对缺铁性贫血病人十分有利。莴笋的热水提取物对某些癌细胞有很高的抑制率，故又可用来防癌抗癌。

4. 宽肠通便

莴笋含有大量植物纤维素，能促进肠壁蠕动，通利消化道，帮助大便排泄，可用于治疗各种便秘。

● 芹菜的功效

祛脂降压，养肝，利尿消肿，安神除烦，壮骨，抑癌抗瘤，养阴补虚。

1. 平肝降压

芹菜含酸性的降压成分，临床对原发性、妊娠性及更年期高血压均有效。

2. 镇静安神

多食芹菜有利于安定情绪，消除烦躁。

3. 防癌抗癌

它经肠内消化作用产生一种木质素或肠内脂的物质，这类物质是一种抗氧化剂，高浓度时可抑制肠内细菌产生的致癌物质。它还可以加快粪便在肠内的运转，减少致癌物与结肠黏膜的接触，达到预防结肠癌的目的。

4. 养血补虚

芹菜含铁量较高，能补充妇女经血的损失，食之能避免皮肤苍白、干燥、面色无华，而且可使目光有神，头发黑亮。

5. 清热解毒

春季气候干燥，人们往往感到口干舌燥、气喘心烦、身体不适，常吃些芹菜有助于清热解毒，祛病强身。肝火过旺、皮肤粗糙及经常失眠、头疼的人可适当多吃些。

6. 减肥

当你嘴巴里正在咀嚼芹菜的同时，你消耗的热能远大于芹菜给予你的能量。

● **油麦菜的功效**

1. 油麦菜含有大量维生素和大量钙、铁、蛋白质、脂肪、维生素A、维生素B_1、维生素B_2等营养成分。

2. 油麦菜的营养价值比生菜高，更远远优于莴笋，主要特点是矿物质丰富。如钙含量比生菜高1.9倍，比莴笋高2倍，铁含量分别比生菜和莴笋高50%和33%，锌含量分别比生菜和莴笋高86%和33%，硒含量分别比生菜和莴笋高22%和1.8倍。

● **茵陈的功效**

1. 保肝利胆：水煎液、去挥发油水提取物、挥发油、醇提取物、6,7-二甲氧基香豆素（滨蒿素）、咖啡酸、茵陈色原酮、甲基茵陈色原酮等动物试验均有促进胆汁分泌与排出作用，以后者作用为强。煎剂对四氯化碳所致肝损害大鼠有一定的保肝作用，肝细胞肿胀、脂肪病变与坏死有不同程度的减轻。

2. 抗炎、镇痛、解热：6,7-二甲氧基香豆素（滨蒿素）对小鼠有镇痛作用；对小鼠、大鼠及兔均有解热作用；对大鼠有抗炎作用。此外，茵陈有利尿、兴奋平滑肌、抑制肿瘤等作用；体外试验有抗钩端螺旋体与杀蛔虫作用。茵陈色原酮为抗肿瘤活性成分。

给肠胃洗个澡

前一阵出诊听跟着我学医出诊的两个学生在闲聊，其中一个人对另一个人抱怨："我发现现在的女孩儿真的是越来越矫情，越来越难伺候。"

"为什么这么说？"

"我女朋友一直有痛经的毛病，昨天她来例假了，在电话里跟我说她肚子疼，疼得要命。看她难受，我也心疼啊，我跟她说让她吃点药，我本身又是学中医的，从专业的角度来说，她应该听我的。可她说吃药会内分泌失调，慢慢就变胖了，减肥不好减，就一直不听我的。那我就只能跟她说，多喝水，喝热水！结果被她骂了一顿。"

现在的年轻人真有意思，我一边在旁边弄药方，一边笑。

另一个男生问他怎么关心女朋友还会被骂。他叹了一口气，说："我女朋友发怒总有她自己的理由，这次又骂我不懂风情！她跟我说，我不关心她。每次都说喝水，喝水，喝水！高烧了——多喝点水就好了；大姨妈来了——多喝点水就好了；喝多了——多喝点水就好了；嗓子疼——多喝点水就好了；今天好冷——多喝点水就好了；不开心——

多喝点水就好了。"

"那你女朋友确实矫情！哈哈……"

说到喝水，这个男生除了缺乏点哄女孩儿的花样外，确实是说对了，喝水对身体很好，尤其是早上。早起空腹喝一杯水，给肠道洗个澡，这样可以排毒。

晨起的这杯水怎么喝呢？这其中是很有讲究的。

首先，清晨喝水必须是空腹喝，也就是在进餐之前，否则就起不到促进血液循环、冲刷肠胃等效果。

在喝水时，最好不要咕噜噜一气都把水灌到肚子里，要小口小口地吞咽，因为饮水速度过猛对身体非常不利，可能引起血压降低和脑水肿，导致头痛、恶心、呕吐。

喝水的量不求多，300毫升最合适。一个健康的人每天至少需要喝7～8杯水(约2.5升)，这还只是平时，碰上特殊情况，比如打球跑步这种运动量大或者是天气炎热的时候，喝水的量还要相应增多，直到补水补到身体舒服的状态。可以说，清晨起床时是新的一天身体补充水分的关键时刻，此时喝300毫升的水最佳。

早起喝水有很多好处，其中最大的好处也是水唯一最有用的地方——补充水分。

夜晚人进入睡眠状态，也没有停止丢失水分，只要你还保持呼吸，体内水分就一直从呼吸中被带走，而且皮肤也在消耗大量的水分。另外，一般人起床后会本能地将一晚上膀胱存的尿液排出，早晨起床后人体会处于一种生理性缺水的状态。一个人晚上流失的水分约有450毫升，晨起喝水可以补充身体代谢失去的水分。

水被小口小口吞咽下去后，进入胃肠，一部分被人体吸收，身体得到补水，这些水分迅速输送至全身，增加了血液循环，也帮助了机体排出体内毒素，滋润肌肤，让皮肤水灵灵的。另外，早上起床后胃肠经过一夜的消化吸收，已经排空，这时喝水可以起到"清道夫"的作用，将肠胃中剩余的垃圾冲刷干净，起到洗涤清洁肠胃、冲淡胃酸、减轻胃刺激的作用，使胃肠保持最佳的状态。

水到了胃肠，还能刺激胃肠的蠕动，湿润肠道，促进大便的排泄，防治便秘。

早晨空腹饮水，"不但治下，还会管上"。下就是肠胃，上呢？就是我们的大脑。起床后喝的水会很快被肠黏膜吸收进入血液，可有效增加血溶量，稀释血液，降低血液黏稠度，促进血液循环，防止心脑血管疾病的发生，还能让人的大脑迅速恢复清醒状态。

▌附　录▌

四季饮食养生小常识

大家是不是不知道在春意盎然的春季应该吃什么？或是在炎炎的夏日如何调理好自己的胃口？又或是在秋风四起的秋季如何应对天气的多变与干燥？再或是冰冷的冬季如何调养理疗？

季节	适合季节	食材	功效
春天	唐代医家孙思邈说："春七十二日，省酸增甘，以养脾气。"明代高濂《遵生八笺》中也记载："当春之时，食味宜减酸增甘，以养脾气。"意思是说：春季肝旺之时，要少食酸性食物，否则会使肝火更旺，伤及脾胃。此时可以多食一些性味甘平的食品	山药	"温补而不骤，微香而不燥"，具有健脾补胃、补虚弱的作用
		春笋	除了富含蛋白质外，还含有丰富的矿物质，如钙、磷、铁和多种维生素。鲜食尤佳。
		豌豆苗	时令性蔬菜，对高血压、糖尿病患者来说，榨取鲜汁饮用，最为适宜
		韭菜	温中行气，温肾暖阳。对腰膝酸软、阳痿、遗精有较好的功效。韭菜温而益人，以初春早韭和即将下市的韭菜最好
		香椿叶	具有消风、解毒、健胃理气之功。春令时菜，食其嫩叶，入馔甚香，常作凉拌豆腐、炒鸡蛋食用。然而香椿叶又是"发物"，有宿疾者勿食
		其他如扁豆、菠菜、菜花、芫荽、大枣、蜂蜜、豆、奶制品、禽蛋、瘦肉及水果均适宜春季食用。依据中医理论，春季也有些应忌食的物品。如春三月忌吃羊肉、狗肉、鹌鹑、荞麦、炒花生、炒瓜子、海鱼、虾及辛辣物等	

		多吃苦味食物：苦瓜、苦菜、啤酒、茶水、咖啡、可可	大家都不喜欢苦味食物，但苦味食物中所含的生物碱因具有消暑清热、促进血液循环、舒张血管等药理作用，是夏季天然养生品。最平常的苦味食物有苦瓜、苦菜，另外啤酒、茶水、咖啡、可可等苦味饮料也属于苦味食物范畴。三伏天吃苦味食物，不但能清除人内心的烦恼、提神醒脑，而且可以增进食欲、健脾利胃
夏天	夏季是天地万物生长、葱郁茂盛的时期。大自然阳光充沛，热力充足，万物都借助这一自然趋势加速生长发育。尤其是长夏(农历6月，阳历7~8月间)，是脾气最旺盛、消化吸收力最强之时，但是由于夏季天气炎热，很多人都吃不下喝不下，所以，夏天饮食是一门大学问，最重要的懂得如何调理	保持正常饮食：花生	很多人都将夏季当作减肥季，每天吃水果来敷衍肚子，其实这对身体健康极其不利。因为夏天天气热人体出汗比较多，体内不仅容易缺水，盐分丢失得也快，若不及时补充体内盐分，会降低人体免疫力。夏季要养成多喝水的习惯，但这还不够，最好保证三餐饮食正常。为了夏季饮食卫生，建议大家在家做饭。备些常用的含碘精盐。橱柜里必不可少的还有食用油，建议使用采用"当季花生"压榨的花生油，炒菜清香，油烟也少
		多吃解暑药粥：绿豆粥、扁豆粥、荷叶粥、薄荷粥	夏季三餐要注意调理，若是吃腻了吃不下常规米饭，可以偶尔喝些解暑药粥来调节一下。绿豆粥、扁豆粥、荷叶粥、薄荷粥等"解暑药粥"，都很适合夏季养生，而且制作也很简单。一般的解暑药粥都属于清淡的，与冬季大补的煲粥不一样，口感适宜，还有很明显的清热降暑的作用
		科学补充维生素：黄瓜、番茄、豆浆	进入夏季，很多人饮食"水果化"，用水果来代替三餐，他们认为水果不仅能填饱肚子，还可以补充维生素。其实，补充维生素不能局限在水果上，黄瓜、番茄、豆浆及其制品、动物肝肾、虾皮等都富含维生素和钙。可以在平常的饮食中注意多吃这些食物，就能补充人体新陈代谢所需的维生素，所以切记不能用水果代替三餐饮食
		吃些食用菌：蘑菇	目前，可食用和药用的食用菌超过几百种，选择多样。食用菌主要是蘑菇，它性味甘，和苦味食物一样具有清热解毒功效，外加口感好，因此受到爱美女性的欢迎。比较普遍的菜品有香菇炖鸡、蘑菇肉片等，制作较简单，是夏季很好的养生家常菜

秋天	中医讲药食同源药补不如食补，秋季天气逐渐开始干燥，饮食应倾向于滋阴润燥。秋季食疗吃点什么好？以下是古方中医食疗介绍的十种养生食物	梨	梨具有润燥消风、镇咳止喘、清心降火的作用，可缓解"秋燥"，醒酒解毒。生梨性凉，老人不宜一次吃过多。脾胃较弱的人，也可做成冰糖炖梨水食用
		百合	百合味甘、性微寒，归心、肺经，具有养阴润肺、清心安神、润肺解渴、止咳止血、开胃安神的功效。适用于阴虚久咳、惊悸、失眠、多梦、精神恍惚等症状
		蜂蜜	蜂蜜是传统的补养佳品，具有清热补中、解毒止痛、润肺养肺的功效，对神经衰弱、高血压、冠状动脉硬化、肺病等均有疗效。老年人在秋季可以蜜代糖，常常服用
		菊花	菊花可疏风平肝、清心除烦、祛燥润喉、生津明目、解酒毒，对感冒、头痛都有一定的辅助治疗作用。秋季适当饮用菊花茶，可祛火润肺
		红薯	红薯被称为餐桌上的最佳食物，具有预防癌症、防止便秘、减肥的功效，常吃可延年益寿
		核桃	核桃是补脑佳品，亦可补肾固精、温肺定喘，对肾虚、尿频、咳嗽等症有很好的疗效。常吃核桃，能头脑清晰、耳聪目明
		板栗	栗子有百果之王的美称，既可补脾健胃，又能补肾强筋，还具有活血止血的作用。深秋季节，每天吃几颗栗子，有利于补养元气、强壮肾精
		花生	花生能扶正补虚、和胃健脾、润肺化痰、调气利水、止血清咽、增强记忆，还可防治动脉硬化、高血压和冠心病。适量吃花生很有好处
		银耳	银耳味甘、性平，入肺、胃经，滋阴润肺的头等食材，身价一度与燕窝等同。它还具有增强免疫力的功效，是日常食疗养生的好选择

		藕	生藕能清热、生津、止渴，熟藕能健脾、开胃、益血，故有"生食宜鲜嫩、熟食宜壮老"的说法
冬天	过了立冬，寒冷又近了些。到了冬季，人们普遍会感到口、鼻、皮肤等部位有些干燥。中医认为，肺与季节的关系十分密切。因此，宜多食具有润肺生津作用的食品	黄鳝	秋冬食鳝，不但补益力强，而且对血糖还有一定的调节作用。在冬季饮食中，如烧鳝段、清炖鳝段、炒鳝丝、黄鳝粥等，均为食疗最佳食物
		栗子	栗子具有健脾养胃、补肾强骨的作用，还有补胃之王的美誉
		红枣	红枣具有滋阴润燥、益肺补气的功效，如与银耳、百合、山药共同炖食，效果更好
		鸡汤	冬天是支气管炎的高发季节，其预防办法之一是喝鸡汤，尤其有益于儿童。据分析，母鸡脂肪具有增强支气管黏膜分泌和化痰的作用。此外，鸡肉中有一种特殊的物质，可以增强咽部血液循环和鼻腔黏膜分泌，对保持呼吸道通畅、清除呼吸道病毒、缓解感冒鼻塞及治疗咽干、咳嗽等病症大有裨益
		动物内脏	动物的肝、肾、心等内脏所含的维生素B_2很多。冬末春初，由于气候干燥，不少人嘴唇干裂，易患口角炎，这是缺乏维生素B_2所致
		海带	海带含碘多，碘有助于甲状腺激素的合成，而甲状腺激素有产热效应。所以，冬末春初，适量食用海带，具有较好的御寒作用
		据现代营养学家们的介绍，以下是适合冬季食疗的食品：暖性的肉食有狗肉、牛肉、鸡肉、龟肉、羊肉、虾肉等；蔬菜有黄豆、蚕豆、胡萝卜、葱、蒜、韭菜、芥菜、油菜、香菜等；水果则有橘子、柚子等。此外，红糖、糯米、羊乳、松子、栗子、杏脯等也是不错的选择	